NAPOLÉON Iᵉʳ

ET LA FONDATION DE

LA RÉPUBLIQUE ARGENTINE

JACQUES DE LINIERS

COMTE DE BUENOS-AYRES, VICE-ROI DE LA PLATA

ET LE MARQUIS DE SASSENAY

(1808-1810)

PAR

LE MARQUIS DE SASSENAY

PARIS

LIBRAIRIE PLON

E. PLON, NOURRIT ET Cⁱᵉ, IMPRIMEURS-ÉDITEURS

RUE GARANCIÈRE, 10

1892

Tous droits réservés

NAPOLÉON IER

ET LA FONDATION DE

LA RÉPUBLIQUE ARGENTINE

PARIS, TYP. DE E. PLON, NOURRIT ET Cie, RUE GARANCIÈRE, 8.

NAPOLÉON Ier

ET LA FONDATION DE
LA RÉPUBLIQUE ARGENTINE

JACQUES DE LINIERS

COMTE DE BUENOS-AYRES, VICE-ROI DE LA PLATA

ET LE MARQUIS DE SASSENAY

(1808-1810)

PAR

LE MARQUIS DE SASSENAY

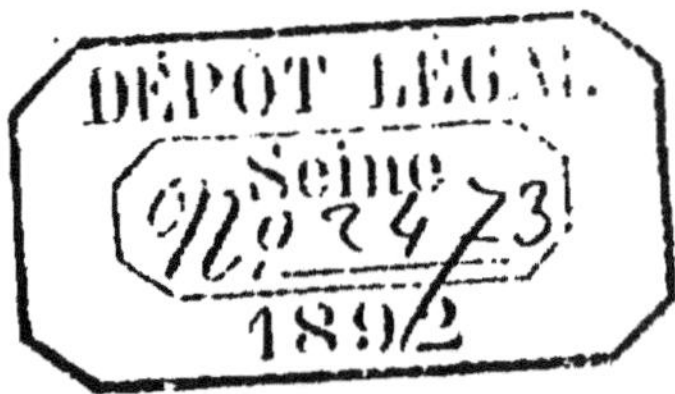

PARIS

LIBRAIRIE PLON

E. PLON, NOURRIT et Cie, IMPRIMEURS-ÉDITEURS

RUE GARANCIÈRE, 10

1892

Tous droits réservés

SOURCES IMPRIMÉES

Ambigu (L') ou *Variétés politiques et littéraires*. Recueil périodique, par M. PELTIER. Année 1810, vol. 30, in-8°.

Annual Register, années 1795, 1796, 1797, 1806, 1807, 1808 et 1810. Londres ad annos, in-8°.

FUNES (D. Gregorio). *Ensayo de la historia civil de Buenos-Aires, Tucuman y Paraguay*, 2ᵉ édition, 2 vol. in-8°. Buenos-Ayres, 1856, 2ᵉ vol., ch. ix et x et épilogue.

LARCHEY (Lorédan). *Les suites d'une capitulation. Relations des captifs de Baylen*, petit in-8°. Paris, 1884 (p. 147 à 174).

MELLET (Jullien). *Voyages dans l'intérieur de l'Amérique méridionale*, petit in-8°. Paris, 1824.

MITRE (Le général D. Bartolomé). *Historia de Belgrano y de la Independencia argentina*, 4ᵉ édition, 3 vol. in-8°. Buenos-Ayres, 1887 (1ᵉʳ vol., texte et appendices).

Moniteur universel du 21 juin 1810.

RICHARD (Jules). *Biographie de Jacques de Liniers, comte de Buenos-Ayres et vice-roi de la Plata*, in-8°. Niort, s. d.

TORRENTE (D. Mariano). *Historia de la Revolucion hispano-americana*, 3 vol. petit in-4°. Madrid, 1829-1830.

TIMES (Le), 24 août 1810.

XIMENÈS (Don Pedro Alcantara), chapelain de l'évêque de Cordoba. *Récit de la captivité et de la mort de Liniers.* Torrente, I, 69.

SOURCES MANUSCRITES

Archives du ministère des affaires étrangères. — Espagne, tome 681, f⁰ˢ 119 et 128. Tome 682, f⁰ˢ 213 et 349. Tome 683, f⁰ˢ 7 et 10. — Angleterre, tome 604, f⁰ 121. (Voir aux *Pièces justificatives.*)

Archives du ministère de la marine, BB⁴,275. Campagnes de 1808, vol. 14. Bâtiments isolés, missions particulières, f⁰ˢ 100 et 104. (Voir aux *Pièces justificatives.*)

Archives du Foreign Office. Lettre du secrétaire d'État à M. H. Wellesley, ambassadeur d'Angleterre auprès de la Régence de Cadix, du 28 mai 1810. (Voir aux *Pièces justificatives.*)

Archives de Buenos-Ayres. Documents communiqués par M. le général Mitre. Dossier de l'instruction ouverte contre Sassenay à Montevideo, et dossier des procès-verbaux de l'audiencia du 15 octobre 1808. (Voir aux *Pièces justificatives.*)

NAPOLÉON Iᵉʳ

ET LA FONDATION

DE LA RÉPUBLIQUE ARGENTINE

CHAPITRE PREMIER

NAPOLÉON ET LES COLONIES ESPAGNOLES

(1808)

Projets de Napoléon sur les possessions espagnoles de l'Amérique. — Un vice-roi français à la Plata. — Recherche et choix d'un envoyé. — Un diplomate malgré lui.

Jusqu'au jour où Napoléon tint en son pouvoir Charles IV et Ferdinand VII, il n'avait eu d'autre but que d'assurer à son frère Joseph la possession de l'Espagne seule, sans ses colonies d'outre-mer. Il avait même, avant la révolution d'Aranjuez, caréssé l'espoir de voir

le vieux roi, effrayé de l'approche des armées
françaises, imiter l'exemple des Bragance et
s'enfuir au delà de l'Atlantique. Plus tard, au
moment où Ferdinand allait franchir la Bidas-
soa, il avait également espéré que ce prince
profiterait de la présence d'une frégate espagnole dans le port de Pasages pour y chercher
refuge et passer en Amérique. Ce ne fut donc
qu'après avoir obtenu à Bayonne l'abdication
du père et du fils, que l'Empereur tourna ses
regards vers les colonies espagnoles du nouveau monde. Elles formaient, sans nul doute,
la plus belle et la plus enviable part de l'héritage de Charles-Quint. Malheureusement pour
Napoléon, elles étaient hors de son atteinte.
Entre elles et lui s'étendait un vaste océan
sur lequel régnait en maitresse absolue son
implacable et insaisissable ennemie, l'Angleterre. Faute d'une marine capable de lutter
contre les flottes anglaises, les armées qui
avaient asservi l'Europe à ses lois étaient
impuissantes à lui donner ce nouvel et magni-

fique empire qu'il convoitait pour son frère.

Pour faire accepter aux colonies le changement de dynastie qu'il croyait pouvoir imposer par la force à l'Espagne, Napoléon n'avait d'autre moyen que de solliciter le consentement des populations. Or, si mal qu'il connût alors le caractère de la race espagnole, il était trop clairvoyant pour ne pas se rendre compte que ce consentement serait bien difficile à obtenir. Depuis que les États-Unis de l'Amérique du Nord avaient brisé le lien qui les unissait à la Grande-Bretagne, les colons espagnols ne supportaient plus qu'avec impatience le joug souvent fort lourd de la mère patrie! Il était donc à craindre qu'alors même qu'ils ne prendraient pas violemment parti pour Ferdinand VII, ils ne voulussent profiter de la chute de la maison de Bourbon pour proclamer leur indépendance.

L'Empereur, tout en craignant de rencontrer de l'autre côté de l'Atlantique une très sérieuse opposition à ses desseins, ne comprit pas qu'il allait s'y heurter, comme en Espagne, à un sentiment national d'une extrême vivacité. Il se persuada que s'il pouvait gagner à sa cause quelques chefs militaires influents et populaires, l'adhésion de ces chefs au nouveau régime suffirait pour entraîner celle des colons. Il crut également avoir découvert, sur les lieux mêmes, l'homme qu'il lui fallait pour établir fermement l'autorité de son frère dans une partie au moins de l'Amérique du Sud.

Les colonies espagnoles du nouveau monde étaient gouvernées, à cette époque, par onze vice-rois et capitaines généraux. Parmi ces hauts fonctionnaires, il en était un que l'Empereur devait croire accessible à ses sollicitations, et qui en même temps jouissait non seulement dans sa colonie, mais encore dans toute l'Amérique du Sud, d'une immense et légitime popularité. C'était un Français, Jacques de Liniers, à qui ses talents militaires, une éclatante bravoure et d'heureuses circonstances avaient valu d'être nommé vice-roi de la Plata, presque contre le gré de la cour de Madrid, qui ne l'avait appelé à ces hautes fonctions que sous la pression de l'opinion publique.

Liniers, quoique attaché à l'ancien régime, avait, comme la plupart de ses contemporains, été ébloui par la gloire de Napoléon. A deux reprises, en 1806 et en 1807, il lui avait écrit pour lui rendre compte de ses succès, et il lui avait témoigné dans ses lettres une admiration qui devait faire espérer à l'Empereur qu'il embrasserait volontiers le parti de Joseph. Cette espérance était d'autant moins déraisonnable que, comme tous les gens de cœur, Liniers avait profondément souffert du honteux abaissement dans lequel était tombée sa patrie d'adoption, et qu'on pouvait croire qu'il saluerait avec joie l'avènement d'une nouvelle dynastie capable de régénérer l'Espagne et de lui rendre sa grandeur passée.

Une fois décidé à faire une tentative auprès

de Liniers pour le gagner à la cause de son frère, Napoléon se mit immédiatement en quête d'un homme en situation d'entamer une aussi délicate négociation et capable de la mener à bonne fin. Il fallait, avant tout, trouver quelqu'un qui non seulement connût le vice-roi, mais qui fût son ami. Ce n'était pas chose facile. Sous l'Empire, les relations n'étaient pas fréquentes entre la France et l'Amérique du Sud, et l'on pouvait compter les voyageurs d'un certain rang social qui avaient visité les provinces argentines. L'amiral Decrès, ministre de la marine, découvrit pourtant dans son personnel un officier remplissant les conditions requises. C'était le capitaine Jurien, père de l'amiral Jurien de la Gravière. Ce jeune marin, qui venait d'être appelé au commandement de la corvette *la Créole*, avait rencontré Liniers en 1800, pendant une relâche de plusieurs mois dans le Rio de la Plata, et l'avait beaucoup fréquenté.

Mis ainsi à même d'apprécier les grandes

et rares qualités du futur libérateur de Buenos-Ayres, il avait conçu pour lui une sincère
amitié et une profonde estime. Il accueillit
donc avec la joie la plus vive la proposition
que lui fit Decrès de le charger d'une mission
auprès de son ami, d'autant plus que le
ministre lui fit entrevoir, en cas de succès,
les plus brillantes récompenses. A la demande
de son chef, il rédigea rapidement un mémoire
sur le vice-roi, sa famille, sa situation et son
influence dans la colonie. Ce mémoire fut
soumis sans retard à l'Empereur, qui ne se
décida pas pourtant en faveur du capitaine
Jurien, probablement parce que, dans la
crainte d'un insuccès, il ne voulut pas donner
trop d'importance à la mission et tint à la
confier à un personnage moins en vue que le
commandant de la *Créole* (1).

Plus heureux que Decrès, le ministre Maret
trouva l'homme que cherchait l'Empereur. Il

(1) L'amiral JURIEN DE LA GRAVIÈRE, *Souvenirs d'un amiral,* tome II, p. 132 et suiv.

avait rencontré peu de mois auparavant, à Dijon, dans un dîner, un ancien émigré, le marquis de Sassenay, qui avait, lui aussi, connu Liniers en 1800 et s'était, comme le capitaine Jurien, lié avec lui d'une étroite amitié. Pendant le repas, la conversation était tombée sur les récents triomphes du vice-roi de la Plata, qui avaient fait du bruit en France. Le marquis avait parlé de Liniers avec l'enthousiasme d'un ami et avait retracé avec feu ses exploits à Mahon et à Gibraltar. Il avait vanté son caractère et ses talents, et si vivement intéressé le ministre que celui-ci n'oublia ni la soirée, ni son interlocuteur.

Le futur duc de Bassano proposa donc à l'Empereur d'envoyer Sassenay à Buenos-Ayres. Il savait que c'était un homme fortement trempé et ayant courageusement supporté les rudes épreuves de l'émigration. Il savait aussi qu'il était d'une irréprochable loyauté, et qu'il n'y avait pas à craindre que, bien qu'attaché à la maison de Bourbon, il ne remplit pas consciencieusement toute mission dont on le chargerait. L'Empereur ratifia le choix de son ministre et manda l'ancien émigré auprès de lui.

Au moment où Napoléon et Maret arrêtaient leur choix sur lui, le marquis de Sassenay vivait tranquillement dans la terre dont il portait le nom, à quelques kilomètres de Chalon-sur-Saône. Tout occupé à se reconstituer une fortune et n'ayant jamais sollicité aucun emploi du gouvernement impérial, il ne se doutait pas du malheur qui allait fondre sur lui. Ce fut donc avec une véritable stupéfaction qu'un beau jour de mai 1808, il vit descendre d'une voiture de poste arrêtée à la porte de son château, un courrier de cabinet porteur d'un ordre de l'Empereur qui l'appelait auprès de lui. Fort perplexe, il chercha, mais en vain, à tirer du courrier quelques éclaircissements. Celui-ci ne savait rien et n'avait d'autre instruction que de l'amener à Bayonne. Le marquis fit à la hâte quelques préparatifs, et, après avoir embrassé fort tristement sa femme et ses deux enfants, il monta dans la chaise de poste qui l'attendait.

Le voyage se fit aussi rapidement qu'il pouvait se faire à cette époque. Il s'agissait du service de l'Empereur, et pour ce service-là les postillons savaient qu'il fallait brûler le pavé. La route parut néanmoins longue à Sassenay, qui cherchait en vain ce que le gouvernement impérial pouvait bien avoir à lui demander.

Il arriva à Bayonne le 29 mai. Sans perdre une minute, il changea de costume et se rendit au château de Marac où résidait l'Empereur, qui l'admit immédiatement en sa présence.

L'audience fut courte et caractéristique. Napoléon se promenait à grands pas dans son cabinet. A peine Sassenay fut-il introduit qu'il l'interpella avec sa brusquerie habituelle. — « Vous êtes lié avec M. de Liniers? » lui demanda-t-il. — « Oui, Sire », répondit le marquis. — « C'est bien ce que m'avait dit

« Maret », reprit l'Empereur. « Puisqu'il en
« est ainsi, je vais vous charger d'une mission
« auprès du vice-roi de la Plata. » — « Je
« suis aux ordres de Votre Majesté », répliqua l'ancien émigré ; « mais Elle voudra bien
« me permettre de retourner chez moi pour
« mettre mes affaires en ordre avant d'entre-
« prendre un aussi long et aussi périlleux
« voyage. »

« — C'est impossible. » Telle fut la réponse.
« Il faut que vous partiez dès demain, vous
« n'avez que vingt-quatre heures pour vous
« préparer. Faites votre testament, Maret se
« chargera de le faire parvenir à votre famille.
« Pour le moment, allez trouver Champagny,
« qui vous donnera vos instructions. » Et d'un
geste Napoléon congédia son interlocuteur
absolument atterré.

En l'an de grâce 1808, on ne discutait pas
plus les ordres de l'Empereur qu'on n'avait
discuté sous la Terreur les décrets du Comité
de salut public. Sassenay prit son parti en

homme habitué aux épreuves. Il se rendit tout d'abord chez M. de Champagny, ministre des relations extérieures. Celui-ci, après l'avoir longuement interrogé sur ce qu'il savait de Liniers et du Rio de la Plata, lui fit connaître sommairement le but de sa mission, sans toutefois l'informer qu'une escadre en voie d'armement au Ferrol devait le suivre à quinze jours d'intervalle avec un corps de trois mille hommes. En le congédiant, le ministre lui annonça qu'il lui ferait remettre, au moment de son embarquement, des dépêches destinées aux autorités coloniales, et, pour lui-même, des instructions secrètes ne devant être ouvertes qu'en pleine mer. Sassenay alla ensuite rendre visite au ministre Maret. Le futur duc de Bassano lui prodigua les encouragements et les promesses, et, pour lui donner une attache gouvernementale, le nomma à un poste de secrétaire dans son cabinet.

Après ces visites officielles, le marquis s'occupa de ses propres affaires. Comme l'Empereur le lui avait conseillé, il fit son testament, rédigea ses instructions pour son agent en Bourgogne et adressa à sa femme une lettre d'adieu dans laquelle il ne lui dissimula pas les périls de sa mission. Ces devoirs remplis, il fit, tant bien que mal, en quelques heures, l'achat des objets indispensables pour une aussi longue traversée.

Dès son arrivée à Bayonne, l'Empereur avait recherché les moyens les plus pratiques pour établir des communications fréquentes avec les colonies françaises et espagnoles. Sa correspondance avec Murat et Decrès montre à quel point cette question le préoccupait et quelle importance il y attachait. Après s'être renseigné comme il savait le faire, auprès des gens du métier, il était arrivé à se convaincre que, pour tromper la surveillance des croisières anglaises, il fallait n'employer que de très petits bâtiments et multiplier les expéditions. Dans cet ordre d'idées, il avait fait mettre sur le chantier, à Bayonne même, six

mouches d'un modèle spécial, et il avait en
même temps acheté au commerce un tout
petit brick qu'on lui avait représenté comme
un excellent marcheur. L'arsenal de Bayonne
étant fort mal approvisionné de caronades, le
brick ne put être armé que d'une artillerie
très insuffisante (1). Ce fut sur ce navire, qui
s'appelait le *Consolateur*, que le marquis s'embarqua le 30 mai, sur les quatre heures du soir.
M. de Champagny lui avait fait remettre une
valise pleine de dépêches officielles et un pli
cacheté renfermant ses instructions secrètes.
Malgré tous les encouragements qui lui avaient
été prodigués, l'envoyé prit la mer assez mal
impressionné par les nouvelles d'Espagne qui
ne lui présageaient pas un bon accueil de
l'autre côté de l'Atlantique.

Il me faut ici interrompre mon récit. Avant

(1) *Correspondance de l'empereur Napoléon Ier*, édition
in-8°, t. XVII, lettres 13828, 13830, 13852, 13854, 13858,
13873, 13890, 13902, 13936, 13937, 13952, 13960, 13963,
13965, 13982, 13998, 13999, 14013, 14203.

de raconter le voyage de Sassenay et les graves événements qui en furent la conséquence, j'ai à faire connaître les antécédents des deux hommes que la toute-puissante volonté de Napoléon allait réunir de nouveau, pendant un court espace de temps, sur les rives du Rio de la Plata, pour leur malheur à tous deux.

CHAPITRE II

JACQUES DE LINIERS (1)

(1753-1806)

Naissance et famille de Jacques de Liniers. — Ses premières années et ses premières campagnes. — Envoi à la Plata. — Longue inaction sans avancement. — Première invasion anglaise. — Conquête de Buenos-Ayres par Beresford et reprise de cette ville par Liniers.

Jacques de Liniers, dont nous nous occuperons d'abord, naquit à Niort le 25 juil-

(1) Jules RICHARD, *Biographie de Jacques de Liniers.* — Bartolomé MITRE, *Historia de Belgrano y de la Independencia argentina*, in-8°, 4ᵉ édition. Buenos-Ayres, 1887. (C'est dans le 1ᵉʳ volume de la 4ᵉ édition que se trouve le plus complètement tout ce qui concerne l'histoire de Liniers de 1806 à 1810.) — Don Gregorio FUNES, *Ensayo de la historia civil de Buenos-Ayres, Tucuman y Paraguay*; *Annual Register*, années 1806, 1807, 1808 et 1810, in-8°, *Londres ad annos*; le *Times*, n° du 24 août 1810. — TORRENTE (D. Mariano), *Historia de la Revolucion hispano-americana.*

let 1753. Il était le quatrième des neuf enfants issus du mariage de Jacques-Joseph-Louis de Liniers et d'Henriette-Thérèse de Brémond d'Ars. Les Liniers comptaient parmi les plus anciennes familles de la noblesse poitevine. L'un d'eux avait été tué à la bataille de Poitiers en 1356, un autre avait eu la jambe emportée à la bataille de Laufeld en 1747. Tous, pendant le dix-septième et le dix-huitième siècle, avaient vaillamment servi la monarchie dans ses armées ou sur ses flottes. Jacques de Liniers eût menti aux instincts guerriers de sa race s'il n'avait pas embrassé la carrière des armes. Cadet de famille et n'ayant pas grand'chose à attendre de l'héritage paternel, il résolut de demander à son épée la fortune qui lui manquait. A douze ans, il fut reçu page du grand maître de l'ordre de Malte, Ximénès. Malte était alors l'école militaire de la noblesse européenne. Il y passa trois années et s'y familiarisa, dans l'entourage du Grand Maître, avec la langue espagnole, qui devait lui être plus tard si utile. Il rentra en France e. 1768 avec l'autorisation de porter la croix et y obtint, la même année, un brevet de sous-lieutenant au régiment de Piémont-royal-cavalerie.

La France, épuisée par la guerre de Sept ans, ne songeait alors qu'à vivre en paix avec ses voisins. Liniers fut donc condamné à une vie de garnison insupportable à son ardente nature. Il la menait depuis six ans, lorsqu'il apprit en 1774 que le gouvernement espagnol préparait une expédition contre Alger. Il n'hésita pas à donner sa démission et à passer en Espagne, où il s'engagea comme simple volontaire sur la flotte que commandait don Pedro Castejon. Cette flotte portait 22,800 hommes, sous les ordres du comte d'Oreilly. L'expédition ne fut pas plus heureuse que ne l'avait été celle de Charles-Quint en 1535. Après quelques avantages, l'armée s'avança dans l'intérieur, fut battue et dut se rembarquer à la hâte, après avoir perdu

3,000 hommes. Liniers trouva moyen de se distinguer, soit sur son vaisseau, soit comme aide de camp du prince Camille de Rohan. Aussi, quoique étranger, obtint-il d'être admis en 1775 au collège des Gardes-Marine. Il y passa ses examens et devint enseigne de frégate. Il prit part, en cette qualité, à une expédition contre les côtes du Brésil qui fut bientôt interrompue par la paix conclue en 1777 entre l'Espagne et le Portugal.

Une année plus tard, le soulèvement des colonies de l'Amérique du Nord contre l'Angleterre mit encore une fois la France et l'Espagne aux prises avec leur vieille ennemie. Cette guerre fournit à Liniers de nouvelles occasions de se signaler. De 1779 à 1781, il prit part sur le *Saint-Vincent* à la campagne du large et à différentes croisières dans lesquelles il enleva à l'abordage plusieurs navires anglais. Au commencement de 1782, il fut embarqué sur le *Saint-Pascal,* qui faisait partie de la flotte chargée d'as-

siéger Port-Mahon que les Anglais occupaient
depuis 1763. La ville était étroitement blo-
quée par terre et par mer. Néanmoins, deux
transports anglais, l'un de dix et l'autre de
quatorze canons, trompèrent la surveillance
des assiégeants et vinrent jeter l'ancre à une
portée de fusil du fort la Reine. En apprenant
l'événement, le commandant de la flotte espagnole résolut de faire enlever ces deux navires
par des chaloupes, quoiqu'ils fussent double-
ment protégés par leur propre artillerie et
par les batteries du fort. L'entreprise était
hasardeuse. Pour la conduire à bonne fin, il
fallait un chef résolu. La réputation que
Liniers s'était acquise lui valut d'être choisi.
On lui confia seize chaloupes avec lesquelles
il devait pendant la nuit aborder les deux
transports. Un épais brouillard, chose rare
en ces parages, contraria l'entreprise et ne
se dissipa qu'avec le jour. Liniers ne voulut
pas remettre l'attaque. Malgré un feu épouvantable, il vogua hardiment vers les navires

ennemis, les aborda, s'en empara et les ramena au milieu de la flotte espagnole, aux applaudissements de ses compagnons d'armes. Ce hardi coup de main, qui coûta la vie à beaucoup des assaillants, et dans lequel lui-même fut assez grièvement blessé, lui valut le grade de lieutenant de vaisseau. Pendant le reste du siège, qui se termina le 5 février par une capitulation, Liniers sut, comme toujours, se rendre fort utile.

L'heureuse issue de ce siège décida l'Espagne et la France à faire un grand effort pour arracher à l'Angleterre le rocher de Gibraltar, sur lequel son drapeau flottait depuis 1704. Des forces imposantes furent réunies au camp de Saint-Roch. L'armée franco-espagnole, qui comptait dans ses rangs deux princes du sang, le comte d'Artois et le duc de Bourbon, était commandée par le duc de Crillon. La flotte combinée, forte de 64 vaisseaux de ligne et de quelques frégates et bâtiments légers, était aux ordres de l'amiral Cordoba. Pour venir à bout de la redoutable forteresse, on construisit des batteries flottantes chargées de pièces de gros calibre. On comptait que, placées à une petite distance des murailles, elles les démoliraient rapidement. Le 13 septembre 1782, dix de ces batteries armées de 150 canons vinrent, malgré un vent violent, s'embosser devant la place assiégée. L'une d'elles était commandée par le prince de Nassau-Siegen, ayant Liniers pour second.

L'artillerie de l'armée de terre et celle de la flotte ouvrirent en même temps un feu d'enfer. Les Anglais rendirent coup pour coup et finirent par démasquer des batteries à boulets rouges qui mirent le feu à trois des batteries flottantes. L'incendie se communiqua aux autres. Après avoir combattu dix-sept heures, le prince de Nassau et Liniers n'eurent que le temps de sauter à l'eau pour échapper à la mort.

L'insuccès de cette attaque découragea les

assiégeants. On se contenta de bloquer la place, dans l'espoir de la réduire par la famine. Pendant un orage, quelques vaisseaux anglais parvinrent à y introduire des vivres et des munitions. A leur sortie, ils furent vivement poursuivis. Liniers, qui commandait un brick de 18 canons, en enleva un sous le feu d'un vaisseau de ligne. Cet exploit, joint aux services qu'il avait rendus pendant le siège, lui valut le grade de capitaine de frégate. Quelques mois plus tard, l'Angleterre signait la paix à Versailles et reconnaissait l'indépendance de ses colonies.

L'Espagne avait fait de grands armements en vue de la continuation de la guerre. Elle voulut les utiliser et entreprit une nouvelle expédition contre Alger. Liniers y prit part sur la frégate qu'il commandait. Cette expédition eut aussi peu de succès que les précédentes.

Il fallut faire la paix. Notre jeune compatriote fut chargé de porter au dey les cadeaux

du roi d'Espagne. Doué des qualités morales
et physiques qui séduisent et attachent les
hommes, il sut prendre un véritable ascendant sur le souverain d'Alger. Ce prince le
combla des marques de sa faveur et, sur sa
demande, lui accorda la liberté de tous les
prisonniers français, espagnols et italiens qui
se trouvaient en son pouvoir.

Au retour de cette expédition, Liniers
épousa une jeune fille d'origine française,
Mlle de Menviel, qui mourut en 1788 en lui
laissant un fils. Dans cette même année, le
gouvernement espagnol l'envoya à la Plata.
Il s'y maria pour la seconde fois, en 1791,
avec Mlle de Sarratea. Quelques mois plus
tard, au commencement de 1792, il fut
nommé capitaine de vaisseau.

Pendant quatorze longues années, le gouvernement espagnol oublia Liniers. Pourtant,
en Amérique comme en Europe, il rendit
d'utiles services. De 1796 à 1802 surtout, il
sut, à l'aide d'une flottille de chaloupes canon-

nières qu'il avait organisée à Montevideo, défendre les côtes de la vice-royauté contre les croiseurs anglais, et assurer le commerce d'une rive à l'autre du Rio de la Plata. Ce fut pendant cette dernière période qu'il se lia, en 1800, avec le marquis de Sassenay, dont les hasards de l'émigration avaient fait un subrécargue sur un navire de commerce américain, et avec celui qui devait être plus tard l'amiral Jurien.

Après la paix d'Amiens, le vice-roi lui confia par intérim le gouvernement des anciennes missions du Paraguay que les Jésuites avaient fondées. Il y passa trois ans et revint à Buenos-Ayres en 1805 pour y reprendre le commandement de la flottille. Le voyage de retour fut marqué pour lui par un grand malheur. Mme de Liniers fut surprise en route par les douleurs de l'enfantement et mourut faute des soins nécessaires.

Les incessantes attaques des Anglais ne laissèrent guère à Liniers le temps de s'abandonner à son chagrin. Il lui fallut pendant toute l'année 1805 lutter avec le peu de forces dont il disposait contre des ennemis chaque jour plus hardis. C'était le prélude d'un redoutable orage qui allait fondre sur la colonie.

L'Angleterre, dont le commerce était fort éprouvé par la guerre qu'elle soutenait depuis 1803 contre la France et l'Espagne, cherchait partout des nouveaux débouchés pour ses produits. Depuis longtemps le cabinet de Saint-James avait les yeux fixés sur l'Amérique méridionale et songeait à mettre la main sur l'une ou l'autre des colonies dont l'Espagne tirait un si mauvais parti. Pourtant, aucune expédition n'avait encore été projetée, lorsqu'en 1806 le commodore sir Home Popham, qui s'était emparé l'année précédente de la colonie hollandaise du cap de Bonne-Espérance, eut l'idée d'employer les forces dont il disposait à la conquête du Rio de la Plata. Popham savait que la colonie n'était

défendue que par un petit nombre de soldats
espagnols, et il croyait, sur la foi de renseignements apportés par un capitaine américain,
que les habitants détestaient le joug de la
mère patrie, ce qui était vrai, et accepteraient
volontiers la domination anglaise, ce qui était
faux.

Sans consulter son gouvernement, il mit à
la voile en avril 1806 avec une escadre de
6 frégates, de 3 corvettes et de 5 transports
qui portaient un petit corps expéditionnaire
de 800 highlanders du 71ᵉ et de 600 soldats de
marine, sous les ordres du général Beresford.
C'étaient de vaillants soldats et un chef
éprouvé.

Le 71ᵉ régiment de highlanders avait de
glorieux états de service. Il s'était surtout
signalé en 1799 sous les ordres de sir Sidney
Smith dans cette célèbre défense de Saint-
Jean d'Acre qui, au dire de Napoléon, lui
avait fait manquer sa fortune. Quant à William Carr Beresford, il comptait déjà parmi

les plus brillants officiers de l'armée anglaise. Depuis le commencement des guerres de la Révolution, il n'avait pour ainsi dire pas remis son épée au fourreau. Il avait pris part au siège de Toulon, à la conquête de la Corse, à la guerre de Saint-Domingue, à la dernière lutte contre Tippou-Saïb et à la campagne d'Égypte, dans laquelle, sous les ordres de sir David Baird, il avait exécuté avec son régiment cette merveilleuse marche de neuf jours à travers le désert, de la mer Rouge au Nil, qui avait rendu légendaires les noms de tous les chefs qui l'avaient dirigée. Tout récemment, enfin, il avait contribué à la conquête des possessions hollandaises du cap de Bonne-Espérance.

Favorisée par de bons vents, l'escadre anglaise ne s'attarda pas trop dans sa traversée de l'Atlantique. Le 10 juin, elle fit son apparition dans les eaux du Rio de la Plata.

La colonie avait à sa tête le marquis de Sobremonte, vice-roi depuis 1804. Ce n'était pas un mauvais administrateur; il avait gouverné avec assez d'équité; mais il était absolument au-dessous de la tâche difficile qui venait de lui incomber. Dès l'année précédente, la cour de Madrid, effrayée du départ de la flotte du commodore Popham pour les mers du Sud, lui avait donné l'ordre de se tenir en garde contre une descente des Anglais. Il avait fait, à cette époque, quelques préparatifs très insuffisants; puis, sur la nouvelle que le commodore Popham s'était emparé du Cap, il avait cru le danger conjuré et avait interrompu ses armements.

L'arrivée inopinée de l'escadre anglaise le prit donc complètement au dépourvu et lui fit perdre la tête. Il ne sut prendre aucune mesure utile et se borna à appeler sous les armes les milices qu'il avait eu le tort de ne pas exercer en prévision du danger qui lui avait été signalé.

La plus grande partie des troupes régulières avaient été concentrées à Montevideo. Le commodore Popham avait d'abord songé à attaquer cette place. Il changea d'avis en apprenant par un pilote anglais que Buenos-Ayres, qui n'avait pas d'enceinte fortifiée, n'était défendue que par un petit nombre de soldats espagnols. Il remonta donc le fleuve, et, après une fausse démonstration contre la baie de Barragan, dont la défense avait précisément été confiée à Liniers, il débarqua le 25 juin sa petite armée au port de Quilmès, à cinq lieues de Buenos-Ayres. Quelques marins pris dans les équipages de l'escadre avaient porté à 1,600 ou 1,800 hommes l'effectif du corps de débarquement, dont l'artillerie se composait de quatre pièces de campagne. Ce fut avec cette poignée d'hommes que l'intrépide Beresford osa s'attaquer à une ville dont la population ne devait pas être inférieure à 50,000 âmes.

Le général anglais, après avoir employé l'après-midi du 25 juin à assurer sa base d'opérations en établissant fortement une

centaine d'hommes à Quilmès, se lança résolument en avant dès le matin du 26. Rien ne
put faire obstacle à sa marche, ni la longue
plaine marécageuse qu'il fallut traverser en
ayant de l'eau jusqu'aux genoux, ni les attaques d'un corps de 1,000 cavaliers, soutenus
par une batterie de six pièces, qui chargea
les Anglais à la sortie du marais. Quatre des
six pièces furent prises, et la cavalerie fut pour-
suivie l'épée dans les reins jusqu'à un cours
d'eau, le Riachuelo, trop profond pour être
traversé à gué, qui couvre au sud la ville de
Buenos-Ayres. Les fuyards ayant brûlé le pont,
Beresford dut faire halte vers le soir.

Le 27 au matin, il franchit la rivière sous
le feu des milices qu'il culbuta sans peine, et
dans l'après-midi, il entrait dans la capitale
de la Plata tambour battant et bannières
déployées, et s'installait dans la forteresse
dont le gouverneur lui ouvrait les portes
sans coup férir.

Le marquis de Sobremonte n'avait pas

attendu les Anglais. A peine avait-il appris
qu'ils avaient passé le Riachuelo qu'il avait
réuni 1,500 cavaliers et s'était enfui du côté
de Cordoba, où il s'était fait précéder par sa
famille et son trésor. Il laissa au commandant du fort le triste devoir d'obtenir du
vainqueur la meilleure capitulation possible.

Elle fut ce que voulut Beresford, qui prit
possession de la ville au nom de George III
et obligea les autorités à prêter serment à son
souverain et à faire revenir, pour le lui livrer,
le trésor emporté par le vice-roi. Une proclamation apprit aux habitants qu'ils avaient
changé de maître. Le vainqueur y promettait
de respecter les propriétés privées et accordait le libre exercice de la religion catholique.
Il annonçait, en même temps, que Buenos-
Ayres pouvait désormais trafiquer librement
avec les colonies anglaises.

Cette proclamation ne produisit pas du
tout l'effet sur lequel avaient compté Popham
et Beresford. Ces deux chefs, je l'ai dit plus

haut, avaient été mal renseignés sur la disposition de la population. Bien que les créoles n'aimassent guère la domination de la métropole, qui, d'ailleurs, se faisait peu sentir, excepté dans les questions douanières, ils la respectaient par la force de l'habitude; de plus, les Espagnols européens exerçaient encore sur eux une grande influence. Cette influence avait bien été un peu ébranlée par la défaite qu'on venait de subir; mais les créoles, habitués à la soumission, n'avaient pas encore acquis le sentiment de leur propre force, et ils se dirent que maître pour maître, autant valait obéir à celui qu'ils connaissaient et auquel ils étaient unis par la communauté d'origine, de religion et de langue, qu'à un envahisseur étranger qui venait de s'imposer par la force et qui était l'ennemi de leur foi.

Il se produisit donc assez rapidement dans cette population impressionnable, un moment abattue par sa défaite, un très vif mouvement de réaction. En comptant le petit nombre des vainqueurs et en le comparant aux forces locales, on s'indigna d'avoir été aussi facilement vaincu. La honte colora les fronts, et la colère envahit les cœurs; une sourde agitation régna bientôt dans la ville, et l'on chercha à se concerter. Cette fermentation n'échappa pas à l'œil vigilant de Beresford, qui comprenait mieux que personne combien sa position pouvait devenir périlleuse. Le commodore Popham avait bien demandé des secours en Angleterre en y envoyant les trésors arrachés à la faiblesse de Sobremonte, mais ces secours ne pouvaient pas arriver de longtemps. Le général anglais ne pouvait donc compter jusqu'à nouvel ordre que sur les forces dont il disposait. Il les concentra dans la forteresse, prêt à réprimer avec la dernière rigueur toute tentative de soulèvement qui viendrait à se produire.

Sur ces entrefaites, Liniers arriva à Buenos-Ayres. Il venait y voir sa famille avec l'autorisation de Beresford. Par suite d'un oubli, il n'avait pas été compris dans la capitulation et se trouvait libre de tout engagement. Seul des chefs espagnols, il n'avait pas perdu son prestige. Tous les regards se tournèrent vers lui, et on lui demanda de prendre la direction du mouvement pour chasser les Anglais. Dès qu'il se fut rendu compte de l'irrésistible ardeur dont était animée la population, il résolut de tenter l'entreprise ; mais comme il était aussi prudent que brave, il voulut en assurer le succès en s'appuyant sur un petit noyau de troupes régulières.

Sans perdre de temps, il passa, à l'insu du général anglais, sur la rive orientale du Rio de la Plata. Arrivé au port de la colonie du Saint-Sacrement, situé en face de Buenos-Ayres, il écrivit au gouverneur de Montevideo qu'il se faisait fort de reprendre la capitale si on voulait lui confier 500 hommes. Cet officier préparait lui-même une expédition. Il appela Liniers auprès de lui. Dès son arrivée, un conseil de guerre fut réuni. Les Anglais

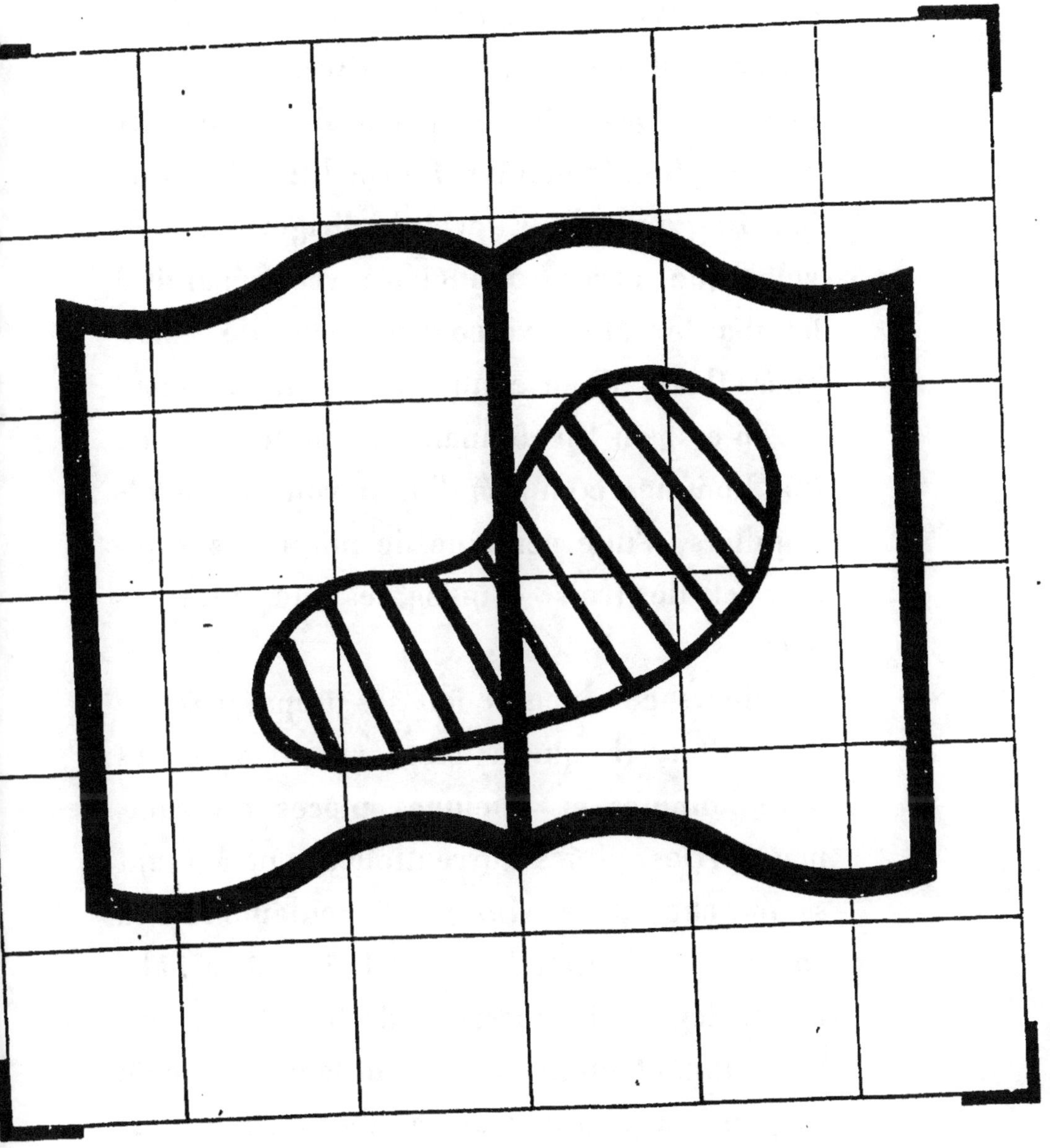

ont un proverbe qui dit que jamais conseil de guerre ne décida de se battre. Liniers fit mentir le proverbe. Sa persuasive éloquence entraîna tout le monde. L'expédition fut résolue. Le gouverneur devait la diriger. La nouvelle que l'escadre anglaise se préparait à bombarder Montevideo l'empêcha de s'éloigner. Il dut donc confier le commandement à Liniers, en lui donnant un petit corps de 600 hommes composé d'un noyau de soldats réguliers, d'une centaine de miquelets catalans et de trois compagnies de miliciens exercés.

Liniers eut bientôt fait ses préparatifs. Le 23 juillet, il quitta Montevideo avec ses 600 hommes et quelques pièces de campagne. Des pluies torrentielles entravèrent sa marche. Il parvint le 28 seulement à la colonie, où l'attendait une flottille de bâtiments légers de guerre et de transport, sous le commandement de son ami le capitaine de frégate don Juan Gutierrez de la Concha. Il apprit dans ce port qu'un soulèvement s'était produit dans la nuit du 31 juillet à Buenos-Ayres, mais qu'il avait été promptement réprimé par Beresford.

Une soixantaine de miliciens, équipés par la colonie, vinrent grossir sa petite armée. Confiante dans son chef, elle était animée d'un indescriptible enthousiasme. Liniers lui rappela dans un ordre du jour énergique qu'il voulait être obéi, et que ce n'était qu'à ce prix qu'il pouvait triompher d'un ennemi aussi brave que discipliné.

La première difficulté à surmonter était de traverser le Rio de la Plata, surveillé par les croiseurs anglais. De la colonie à Buenos-Ayres il y a trente milles marins, mais la rivière n'est pas partout navigable pour des navires d'un fort tonnage. Le 3 août, Liniers profita d'un brouillard, fréquent dans ces parages, pour mettre à la voile. Grâce au peu de tirant d'eau des petits bâtiments composant sa flottille, il put, en s'engageant sur le banc de

Las Palmas, qui occupe l'extrémité occidentale du grand estuaire, empêcher les Anglais de lui donner la chasse. Le 4, il jetait l'ancre au port de Las Conchas, situé à six lieues de Buenos-Ayres.

Trois cent vingt marins débarqués de la flottille et soixante-treize corsaires français commandés par le capitaine Mordell, portèrent à plus de mille hommes l'effectif de la petite armée.

Une horrible tempête, qui fit sombrer six canonnières anglaises, vint encore une fois paralyser l'ardeur de Liniers et de sa troupe. La marche de Las Conchas à Buenos-Ayres fut épouvantable. Le pays n'était plus qu'un lac à travers lequel les hommes, trempés jusqu'aux os par une pluie torrentielle, ne pouvaient avancer qu'avec la plus grande difficulté. Le 6, il fallut rétrograder sur le village de San Isidro. C'était une dure épreuve pour un corps dans lequel il n'y avait qu'un nombre restreint de réguliers. Par son énergie et sa bonne humeur, Liniers soutint son monde, et le 10 août au soir il put enfin camper à l'ouest de Buenos-Ayres, aux abattoirs de Miserere, devenus aujourd'hui une des places de la ville.

Il adressa aussitôt à Beresford la sommation suivante :

« GÉNÉRAL,

« Il y a plus d'un mois, Votre Excellence « est entrée dans cette capitale. Vous avez « attaqué avec de faibles troupes une popu- « lation immense, à laquelle il a manqué la « direction pour s'opposer à vos projets. « Aujourd'hui, pleine d'enthousiasme, elle « secoue un joug odieux et me fait vous adres- « ser cet avis : quinze minutes vous sont « accordées pour prendre le parti, ou d'ex- « poser votre garnison à une entière destruc- « tion, ou de vous livrer à la discrétion d'un « ennemi généreux. »

C'était bien hardi à Liniers de tenir un pareil langage à un chef éprouvé comme

Beresford, alors qu'il n'avait à opposer aux 1,500 vétérans anglais que 1,000 ou 1,100 hommes, dont la plupart étaient des recrues. Pourtant, la réponse du général anglais ne fut pas aussi hautaine qu'on aurait pu s'y attendre. Il répliqua à la sommation qu'il se défendrait aussi longtemps que son honneur l'exigerait. Il ne restait plus qu'à en appeler aux armes, c'est ce que fit Liniers.

Buenos-Ayres présentait alors comme aujourd'hui l'aspect d'un vaste échiquier. Les rues larges et droites couraient du nord au sud et de l'est à l'ouest, se coupant à angles droits et formant une série de carrés de cent trente mètres de côté. Les maisons n'avaient que le rez-de-chaussée ou un étage au plus et se terminaient par des terrasses. A peu près au centre des constructions bordant le fleuve, s'élevait la forteresse, assemblage de grands bâtiments entourés d'une épaisse muraille dominée par un rempart garni de canons, et protégée par un fossé qu'il fallait traverser sur

un pont-levis. En face de la forteresse, du côté
de la terre, s'ouvrait une vaste place rectan-
gulaire coupée en deux parties par des arcades
de style mauresque, la « Recoba Vieja », et
bordée à l'ouest par le Cabildo, ou palais municipal, et au nord par la cathédrale, lourde
copie de notre Panthéon. C'est sur cette place
qu'allait se décider le sort de la colonie.

Liniers porta son premier effort sur le parc
d'artillerie du Retiro situé au nord de la ville,
tout près du fleuve. Il était défendu par deux
cents Anglais établis dans l'arène des combats
de taureaux qui constituait une vraie forteresse. Arrivé là le 11 à cinq heures du matin,
après avoir dû exécuter, pour contourner la
ville, une marche des plus pénibles dans des
terres défoncées par les pluies des jours précédents, le chef espagnol lança ses hommes
sur les retranchements ennemis. L'action fut
chaude, mais l'avantage resta aux assaillants;
les Anglais se replièrent sur la forteresse.
Beresford, aussitôt instruit de ce qui venait

de se passer, accourut au secours des siens. Liniers fit jouer son artillerie et balaya les rues par où arrivaient les Anglais. Ceux-ci se défendirent pied à pied. Les Espagnols les attaquèrent avec rage. D'heure en heure leur nombre augmentait. Les habitants valides accouraient pour se joindre à leur libérateur. Ceux qui avaient des armes se rangeaient parmi les combattants; les autres aidaient à trainer les canons et à les mettre en batterie. Liniers, toujours au premier rang, dirigeait et encourageait ses hommes. La bataille se prolongea tout le jour. Vers le soir, les Anglais furent refoulés sur la place de la cathédrale. Liniers jugea prudent de remettre au lendemain le dernier et suprême effort.

Beresford employa la nuit du 11 au 12 août en préparatifs de résistance. Il plaça des canons à toutes les issues de la place, de façon à balayer les rues qui y conduisaient, et il garnit de tireurs les terrasses des maisons. Le combat commença néanmoins autrement qu'il ne l'avait prévu. Protégés par un brouillard assez épais, les volontaires catalans de Montevideo et les corsaires français arrivèrent sans être vus sur une batterie anglaise autour de laquelle s'engagea une lutte acharnée. Liniers accourut pour soutenir son monde, puis, formant quatre colonnes d'attaque, il aborda la place par quatre rues différentes. Les Anglais, refoulés des extrémités au centre, se virent bientôt dans un cercle de feu. Beresford, qui se tenait sous les arcades de la Recoba, eut son aide de camp frappé à mort à ses côtés. Les rangs des siens s'éclaircissaient ; trois cents étaient tombés sous les balles ou les boulets des Espagnols. La position n'était plus tenable. Le général commanda la retraite et rentra dans la forteresse, dont il fut le dernier à franchir le pont-levis.

Liniers avait, plus qu'aucun autre, payé de sa personne. Il avait toujours été au plus fort du feu aussi calme qu'à la parade. C'était miracle qu'il n'y eût point trouvé la mort. Ses habits avaient été criblés de balles.

A peine les Anglais furent-ils renfermés dans la forteresse que le chef espagnol fit ouvrir contre elle un feu terrible avec les canons qu'il venait de conquérir et avec ceux amenés du Retiro. Il fit également établir des batteries sur le rivage pour tenir en respect les canonnières anglaises. Beresford, après avoir résisté pendant deux heures, comprit que la place ne pouvait pas être défendue plus longtemps. Il fit arborer le pavillon parlementaire. Liniers exigea une reddition à discrétion. Elle dut être acceptée. Toutefois, avec la générosité qui était le trait saillant de son caractère, il accorda, sur le moment, les honneurs de la guerre à son vaillant adversaire. Il eut même la faiblesse de lui concéder plus tard, dans la capitulation écrite, des avantages que ni la municipalité ni le gouverneur de Montevideo ne voulurent reconnaître.

Douze cents Anglais déposèrent leurs armes et défilèrent devant les troupes espagnoles. Ils furent conduits, sans retard, dans l'intérieur des terres. 35 pièces de rempart, 29 pièces de campagne, 1,600 fusils et les drapeaux du 71e régiment furent le prix de la victoire.

CHAPITRE III

LINIERS COMMANDANT EN CHEF ET VICE-ROI

(1806-1808)

Suites et conséquences de la défaite des Anglais. — Liniers chargé d'organiser la défense. — Deuxième invasion anglaise. — Défense de Buenos-Ayres (1807). — Liniers nommé vice-roi. — Son administration jusqu'en août 1808.

Buenos-Ayres était reconquis. Tout l'honneur en revint à Liniers, et c'était justice. C'était à lui qu'était venue l'idée première de l'entreprise; c'était son audace, sa vaillance et son habileté qui en avaient assuré le succès. Ce succès lui valut une immense et légitime popularité, non seulement dans les provinces du Rio de la Plata, mais dans toute l'Amérique du Sud. Son nom fut répété par tous avec amour et respect. Le récit de ses exploits devint le thème de toutes les conversations dans la maison du riche comme dans la masure du pauvre.

Mais ce n'était pas tout que d'avoir triomphé du petit corps de Beresford, l'escadre anglaise était toujours là, maîtresse du Rio de la Plata, attendant les secours que le commodore Popham avait sollicités. Un retour offensif de l'ennemi était inévitable. Tout le monde comprenait qu'il était urgent de s'y préparer.

Il existait un corps gouvernemental qui, en l'absence de Sobremonte, aurait dû prendre en main la direction de la défense. C'était l'*audiencia*, sorte de conseil politique et judiciaire destiné à contrôler les actes des vice-rois et à servir de contrepoids à leur autorité; mais l'audiencia se laissa devancer par le *cabildo*, conseil municipal électif, dernier vestige des libertés castillanes du moyen âge. Parmi les prérogatives que lui conféraient de vieilles lois, le cabildo avait celle de pouvoir convoquer une assemblée de notables. Il n'hésita pas à le faire. Cette assemblée décida de confier le soin de la défense à une Junte. Cette nouvelle bientôt répandue dans la ville y souleva un tollé général. On avait confiance dans un homme, et on le voulait pour chef, lui, et pas d'autres. La foule entoura la salle des séances et demanda, à grands cris, la nomination de Liniers. Cette ingérence de la multitude dans le gouvernement effraya fort la majorité de l'assemblée. Elle voulut maintenir sa résolution première. Mais l'attitude de plus en plus menaçante de la population qui avait des armes et venait de montrer qu'elle savait s'en servir, décida les notables à céder. Ils nommèrent Liniers chef militaire.

Il s'agissait de faire ratifier cette nomination par Sobremonte, Liniers ne voulant accepter qu'avec son consentement le poste auquel l'appelait le vœu populaire. Une commission de l'assemblée alla chercher le viceroi à Cordoba. Elle le rencontra à quarante lieues de la capitale, à la tête d'une armée de

3,000 hommes recrutés dans l'intérieur. Il prétendit qu'il venait délivrer la capitale et déclara qu'il ne se soumettrait jamais au vote de l'assemblée. On négocia. Le cabildo tint bon. La population se montrait très surexcitée et ne parlait de rien moins que de faire un mauvais parti au vice-roi s'il se montrait à Buenos-Ayres. Les négociateurs finirent par lui faire comprendre que s'il en appelait aux armes, il aurait certainement le dessous. Il céda donc de fort mauvaise grâce et délégua le pouvoir politique au président de l'audiencia, et le pouvoir militaire au vainqueur de Beresford. Il prit ensuite la route de la Bande orientale, en déclarant qu'il se chargeait de la défense de Montevideo, aussi menacée que Buenos-Ayres par les forces anglaises.

Une véritable révolution venait de s'accomplir dans cette colonie jusque-là si soumise. Le pouvoir était passé des mains des représentants de l'Espagne dans celles du peuple. Bien que ce triomphe de l'élément démocratique tournât à son avantage personnel, Liniers l'accueillit avec inquiétude. Comme tous les gens sensés, il se préoccupa du périlleux ascendant pris par la foule dans les questions d'intérêt public. Sa préoccupation n'était que trop fondée. Il se forma, dès ce moment, un parti dont le but unique fut de secouer le joug de l'Espagne et de proclamer l'indépendance de la colonie.

Le gouvernement de Madrid, imitant l'exemple du vice-roi, reconnut le vote populaire et confirma Liniers dans son commandement. Il lui conféra en récompense de ses services le grade de brigadier de marine.

Dès qu'il se vit chargé de la défense de la colonie, Liniers se mit à l'œuvre avec une merveilleuse activité. De l'aveu même des historiens qui lui sont le moins favorables, il déploya dans ses préparatifs une rare habileté militaire et un véritable génie d'organisation.

Il faut reconnaître qu'il fut admirablement secondé par la municipalité. Elle ne lui ménagea pas son concours, et elle lui procura les ressources pécuniaires sans lesquelles il n'aurait pas pu réussir.

Comme Liniers le dit dans sa lettre du 20 juillet 1807 à l'empereur Napoléon, ce n'était rien d'avoir repris Buenos-Ayres, le difficile était de la garder. Il n'avait, en effet, à opposer aux forces écrasantes avec lesquelles il prévoyait devoir être attaqué, ni soldats ni matériel de guerre. En onze mois, il fit d'une population de négociants, d'ouvriers et de riches propriétaires, une armée sinon aguerrie, du moins disciplinée, vaillante et résolue. Pour éveiller dans cette milice l'esprit et l'émulation militaires, il forma des corps distincts par origine de province et leur donna des uniformes différents qu'il fit confectionner. Avec les Espagnols, il constitua des *tercios* d'Andalous, de Biscaïens, de Galiciens, de Montagnards, de Cantabres, etc. ; avec les gens du pays : blancs, mulâtres, nègres et Indiens, des bataillons de patriciens, de gre-

nadiers provinciaux, de chasseurs de Corrien-
tès, d'arribeños, d'Indiens, etc. Il organisa, en
outre, 6 escadrons de cavalerie et un corps de
2,000 artilleurs dont l'instruction fut l'objet
de ses soins les plus assidus. Il dut, d'ailleurs,
apprendre à tous leur métier, au commandant
comme au capitaine, au caporal comme au
simple soldat. Pendant toute cette longue
période, il lui fallut être tour à tour général
et sergent instructeur, diriger l'ensemble des
opérations et s'occuper des moindres détails
de l'équipement et de la manœuvre.

Tous ces corps furent appelés à élire leurs
officiers comme les milices des libres communes de l'Espagne du moyen âge. Liniers
leur remit solennellement des drapeaux, en
les faisant jurer de les défendre jusqu'à la
mort. Par de fréquentes et habiles proclama-
tions, il sut leur inspirer en eux-mêmes une
confiance, et pour l'ennemi qu'ils allaient
avoir à combattre, un mépris qu'il était loin
de partager.

A ces soldats improvisés, il fallait des fusils, des canons, de la poudre et du plomb. Il n'y avait que 2,000 fusils dans l'arsenal, on en avait conquis 1,600 sur les Anglais. Il en fallait plus du double. On rechercha toutes les vieilles armes que l'on put trouver; on les répara et l'on finit par armer, en partie, l'infanterie. On avait des canons, soit de rempart, soit de campagne; mais il n'y avait que peu ou point d'affûts. Liniers en fit construire. Il fit aussi faire des harnais pour les animaux de trait, qu'il fallut dompter et habituer non seulement au bruit du canon, mais encore à une nourriture plus substantielle. Il ne restait qu'un approvisionnement absolument insuffisant de poudre, il en fit venir à dos d'homme du Pérou et du Chili, à travers les passages presque impraticables de la chaîne des Andes. Le plomb manquait aussi. Les habitants firent le sacrifice de tout ce qu'ils en avaient dans leurs maisons, ainsi que de leur vaisselle d'étain. On en fit des balles et des boulets.

Enfin, pour arrêter l'ennemi au moment où il viendrait prendre terre, Liniers établit tout le long du fleuve, assez loin, au nord et au sud de la ville, des batteries et des réduits pouvant se soutenir mutuellement en croisant leurs feux. Ces batteries, en obligeant les Anglais à choisir un point de débarquement éloigné de Buenos-Ayres, furent une des causes de leur insuccès.

Pendant que ces préparatifs se poursuivaient à Buenos-Ayres, les Anglais ne perdaient pas leur temps. Les renforts sollicités par le commodore Popham étaient arrivés petit à petit : d'abord 1,400 hommes envoyés du Cap, puis un corps de 4,300 hommes sous le général sir Samuel Auchmuty; un peu après, un autre corps de 4,400 hommes sous le brigadier Robert Craufurd; et enfin, en dernier lieu, 1,630 hommes venus avec le lieutenant général John Whitelocke, à qui le cabinet de Saint-James avait confié le commandement en chef de l'expédition. Le choix était malheureux; Whitelocke ne devait sa fortune militaire qu'à la protection. Son lieutenant, sir Samuel Auchmuty, qui exerça le commandement jusqu'à son arrivée, eût été bien plus capable que lui de mener à bonne fin l'entreprise qu'il avait si bien commencée. Auchmuty était redevable de son avancement à son seul mérite. Vétéran de la guerre d'Amérique et de celle de l'Inde, il avait, lui aussi, pris part à la fameuse traversée du désert à laquelle Beresford devait, en grande partie, sa popularité.

Les Anglais commencèrent par s'emparer de la bourgade mal fortifiée de Maldonado, à l'entrée du Rio de la Plata; puis, après l'arrivée du corps d'Auchmuty, ils s'attaquèrent à Montevideo. Le vice-roi tenta de s'opposer à leur débarquement. Comme d'habitude, il se fit battre honteusement et prit la fuite. Sir Samuel Auchmuty investit la place. Liniers voulut y conduire lui-même des secours. La population de Buenos-Ayres s'opposa à son départ. Il ne put qu'y envoyer un secours de 500 hommes, qui réussit à renforcer la garnison. Plus tard, on lui permit de partir avec 1,500 hommes; mais il était trop tard, et il apprit en route que Montevideo avait été emportée d'assaut le 3 février 1807.

Un seul port, la Colonie, restait aux Espagnols sur la rive orientale du Rio de la Plata. Le général anglais chargea le colonel Pack de s'en emparer avec 500 hommes. Pack était un compagnon de Beresford. Il s'était évadé comme son chef, en violant sa parole. Soldat énergique, il mena bien l'expédition, et la Colonie tomba en son pouvoir.

La prise de Montevido causa une émotion profonde dans la population de Buenos-Ayres. Elle en imputa toute la faute au vice-roi qui s'était chargé de défendre cette place importante, la clef de l'estuaire. Sous la pression populaire, l'audiencia dut voter sa déchéance et le faire jeter en prison. Des pouvoirs plus étendus furent conférés à Liniers, qui se trouva investi d'une véritable puissance dictatoriale et tribunitienne.

L'établissement des Anglais à la Colonie était un fait inquiétant. Ce port n'est, je l'ai dit, qu'à dix lieues de Buenos-Ayres. Liniers jugea qu'il fallait le reprendre. Il confia le commandement de l'expédition au colonel don Xavier Elio. Cet officier, qui jouera un rôle dans les événements subséquents que nous avons à raconter, appartenait à une noble et ancienne famille de Navarre. Il avait fait bravement la guerre contre les Maures à Oran et à Ceuta, et contre les Français dans le Roussillon. C'était au physique un fort bel homme, à l'air martial, mais au moral un vrai soldat du temps de Philippe II, dur jusqu'à la cruauté, orgueilleux et hâbleur.

Il réussit fort mal. Avec les 1,500 miliciens qu'on lui avait confiés, il ne sut, après avoir fait une proclamation ridicule dans laquelle il prétendit que les Anglais ne savaient pas combattre sur terre, que se faire surprendre et

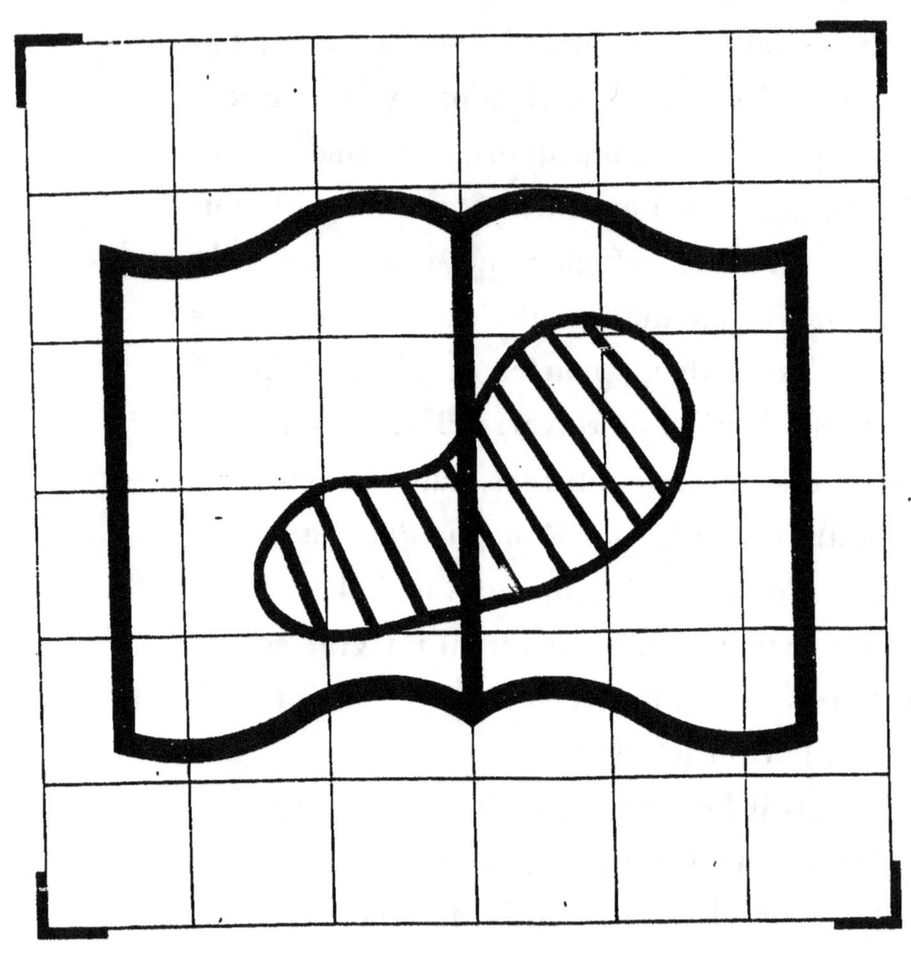

mettre en déroute par Pack et ses 500 vétérans.

Jamais Buenos-Ayres n'avait couru un danger pareil à celui qui la menaçait. La flotte anglaise, forte de 20 vaisseaux de guerre, était maîtresse absolue du Rio de la Plata, et 90 transports s'apprêtaient à débarquer sur la rive occidentale une armée de près de 12,000 soldats aguerris, à qui il ne manquait ni cavalerie ni artillerie. A ces forces écrasantes Liniers n'avait à opposer que 8,600 combattants, dont 840 à peine étaient d'anciens soldats.

Le général Whitelocke opéra son débarquement le 28 juin à la baie de Barragan, située à douze lieues en aval de Buenos-Ayres. Arrêtés par des terrains marécageux, les Anglais avancèrent lentement. Leur avant-garde ne se montra que le 2 juillet sur la rive droite du Riachuelo. Liniers, prévenu de leur approche, les y attendait depuis la veille avec 7,000 hommes divisés en quatre divisions sous les ordres des colonels Balviani, Velasco et Elio et du capitaine de frégate Gutierrez de la Concha. Son armée comptait un assez grand nombre de cavaliers et était appuyée, d'après son propre dire, par 60 pièces de canon de différents calibres.

Nous possédons sur la seconde défense de Buenos-Ayres, en dehors du récit des historiens et des relations anglaises, trois documents importants, publiés pour la première fois par le général Bartolomé Mitre; ce sont : une lettre de Liniers au prince de la Paix, une autre lettre du même à l'empereur Napoléon, et enfin le rapport du cabildo au roi Charles IV (1).

Quelque admiration et quelque sympathie que l'on éprouve pour Liniers, on est forcé de reconnaître, en étudiant ces documents, qu'il commit, au début de la lutte, plusieurs erreurs graves. Non seulement il n'avait ni barricadé

____

(1) MITRE, t. I, appendice 12, p. 406; appendice 13, p. 507, et appendice 14, p. 516.

les rues, ni élevé aucun retranchement du côté de la terre pour abriter ses jeunes troupes et leur préparer des points d'appui en cas de revers, mais il commit la faute d'aller chercher l'ennemi en rase campagne et celle plus grave encore d'adosser son armée au Riachuelo, sur lequel il n'existait qu'un seul pont, celui de Galvez.

C'est dans cette position qu'il offrit la bataille à l'avant-garde anglaise forte de 2,000 hommes sous le général Levison Gower. Celui-ci se garda bien de l'accepter, mais, par une série de fausses démonstrations, il trompa son adversaire sur le but qu'il se proposait, fit filer une de ses brigades derrière les petites collines qui bordent au sud la vallée du Riachuelo, et finit, en gagnant de vitesse avec la seconde brigade l'aile droite des Espagnols, par passer sans opposition la rivière à deux lieues en amont du pont de Galvez.

Liniers craignit d'être coupé. Aussi, laissant sur la rive droite du Riachuelo le colonel Balviani avec deux de ses divisions et presque toute son artillerie, pour arrêter le gros des forces de Whitelock, qui pouvait arriver d'un instant à l'autre, il repassa à la hâte le pont de Galvez pour s'interposer entre les Anglais et la ville. Malheureusement, ses milices n'étaient pas, comme leurs ennemis, rompues aux marches forcées. De plus, le terrain à parcourir avait été transformé en fondrières par les pluies des jours précédents. Le mouvement qu'elles avaient à faire pour se porter au-devant des Anglais s'exécuta donc avec si peu de célérité et si peu d'ordre, que lorsque Liniers, qui avait pris les devants, se trouva en face des troupes de Gower, aux abattoirs de Miserere, à l'ouest de la ville, il ne put leur opposer que 500 hommes et 7 pièces de campagne. Avec son ardeur habituelle, il engagea néanmoins l'action par une canonnade qui fit subir aux Anglais des pertes sensibles. Pour y mettre fin, ceux-ci chargèrent à la baïonnette. Les Buenos-Ayriens ne tinrent pas longtemps et prirent la fuite. Dans ce sauve-qui-peut général, les vaincus, qui avaient eu une soixantaine de tués et blessés, laissèrent 80 prisonniers et deux pièces de canon aux mains des vainqueurs. La nuit était venue. Entraîné par sa cavalerie dans une direction opposée à la ville, Liniers s'égara et dut se réfugier dans une maison isolée, où, suivant son expression, « il passa la nuit la plus « amère de sa vie, craignant, s'il cherchait à « rejoindre les siens dans l'obscurité, de « tomber dans quelque avant-poste ennemi ».

Buenos-Ayres ne dut ce soir-là son salut qu'à l'impéritie du commandant en chef des forces anglaises et à l'énergie du cabildo.

Si Whitelocke, au lieu de faire un détour en sortant de Quilmès, avait, comme son devoir le lui prescrivait, suivi de près son avant-garde et s'était trouvé à point pour la soutenir, il aurait pu profiter de la panique qui suivit le combat de Miserere pour pénétrer dans la ville et s'en emparer. Le général Gower, qui n'avait pas l'audace de Beresford, ne se sentant pas soutenu par le gros de l'armée, n'osa pas tenter l'entreprise avec des troupes épuisées par une journée de marche forcée et fort éprouvées par le feu des Espagnols qui leur avait mis 300 hommes hors de combat.

Dans la ville, la rentrée des fuyards et la disparition du chef aimé et obéi en qui, seul, on avait confiance, jetèrent les habitants dans la consternation. Tout semblait perdu. Les officiers espagnols s'étaient égarés ou avaient, comme le colonel Elio, laissé leurs troupes en chemin. Personne ne commandait plus. Seul, le cabildo ne s'abandonna pas. Comme le sénat de la vieille Rome aux heures des grands revers, il sut se montrer à la hauteur du danger et le conjurer.

Sous la vigoureuse impulsion de l'alcade D. Martin Alzaga, il prit sur l'heure les mesures les plus énergiques. Il rappela en toute hâte le colonel Balviani laissé par Liniers à la garde du pont de Galvez avec deux divisions.

D'accord avec cet officier, il décida de ne défendre que la partie de la ville la plus rapprochée du fleuve. D'après ses ordres, on barricada les portes et les fenêtres de toutes les maisons, et l'on amassa sur les terrasses, qu'on garnit de tirailleurs, des munitions, des grenades et jusqu'à des pierres ; on coupa les rues par de profondes tranchées ; on réunit tout ce qui restait d'artillerie, car, dans l'affolement où la défaite avait jeté les chefs espagnols, bien des pièces avaient été enclouées ; on établit des batteries et des épaulements à l'entrée des six rues aboutissant à la plaza Mayor, dont on fit le centre de la résistance, et on construisit d'autres retranchements tout le long du quadrilatère où l'on s'était concentré ; enfin, pour jeter une sorte de défi à l'ennemi et donner un point de ralliement aux fuyards et aux débandés des deux premières divisions, on illumina la ville comme aux jours de grandes fêtes.

Ces mesures habilement combinées et exécutées avec autant de vigueur que de promptitude, changèrent la situation du tout au tout. Le 3 juillet, au point du jour, Buenos-Ayres était en partie en état de défense, et le courage était revenu au cœur de ses habitants. L'occasion que les Anglais avaient laissée échapper la veille ne devait plus se représenter.

Dans la matinée, Liniers avait pu rejoindre les siens au point de ralliement qu'il leur avait donné la veille. Après avoir reformé un petit corps, il entra dans la ville, où il reprit le commandement, à la grande joie de la population. Il compléta les préparatifs de résistance commencés par le cabildo et réorganisa les corps qui s'étaient débandés. Comprenant l'erreur commise par lui en s'aventurant en rase campagne avec des troupes qui n'étaient ni aguerries ni manœuvrières, il se borna, pour tenir son monde en haleine, à livrer aux Anglais des combats d'avant-postes pendant les deux journées qui s'écoulèrent entre l'affaire de Miserere et l'assaut du 5 juillet.

Le général Whitelocke n'arriva que le 4 à réunir toutes ses forces devant la capitale du Rio de la Plata. Défalcation faite du corps du colonel Mahon, qui gardait le pont de Galvez et sa ligne de retraite, il disposait de 8,500 hommes. Avant de recourir aux armes, il somma la ville de se rendre à discrétion. Liniers répondit par un refus net et formel. Whitelocke fixa l'attaque au lendemain.

Pour bien comprendre les événements du 5 juillet 1807, il faut se représenter ce que Buenos-Ayres était à cette époque. Cette ville, je l'ai dit à propos de sa reprise en 1806, formait une série d'ilots carrés, de *manzanas*, suivant l'expression espagnole, de 130 mètres carrés. Les maisons, n'ayant pour la plupart que le rez-de-chaussée et au plus un étage, se terminaient en terrasses. Une fois les portes et les fenêtres barricadées, ces ilots constituaient autant de petites enceintes fortifiées de 20 à 30 pieds de haut que le canon pouvait

démolir, mais contre lesquelles la mousque-
terie était impuissante. Çà et là émergeaient
des édifices publics et privés formant de véritables citadelles : au nord, l'arène destinée
aux combats de taureaux, *la Plaza de Toros*
sur la place du Retiro; un peu au sud, le couvent et l'église de Santa-Catalina; au centre
du rivage, la vieille forteresse et la plaza
Mayor, bornée vers le nord par la cathédrale;
à deux manzanas, vers le sud, l'église de
Saint-Dominique avec son clocher élevé, et
enfin, à l'extrémité méridionale, l'hôpital de
la Residencia, l'ancien couvent des Jésuites.

Les rues, larges de treize à quatorze mètres
et tirées au cordeau, couraient dans deux
directions, les unes du nord au sud, parallèlement au fleuve, les autres de l'est à l'ouest,
c'est-à-dire de la campagne à la rive du Rio.

Le général Whitelocke avait trois moyens
pour réduire Buenos-Ayres : un blocus que
l'appui de la flotte rendait facile, un bombardement ou une attaque de vive force. Seule-

ment, cette attaque devait être conduite avec méthode. Il ne fallait pénétrer au cœur de la ville qu'après avoir délogé ses défenseurs de toutes les positions qu'ils occupaient, de façon à ne pas laisser d'ennemis derrière soi. Une aveugle confiance dans la supériorité de ses troupes sur les milices argentines entraîna le commandant anglais à négliger toutes les précautions et à lancer ses colonnes à l'aveugle. Son armée occupait tout l'ouest de la ville, ayant en face d'elle les rues menant au fleuve. Il la divisa en trois corps : l'aile gauche sous sir Samuel Auchmuty, l'aile droite sous le général Craufurd, et le centre sous sa direction. L'aile droite et l'aile gauche eurent ordre de pénétrer dans la ville, la première vers l'extrémité nord, la seconde vers l'extrémité sud, en s'engageant à la fois dans plusieurs rues parallèles, de marcher droit au rivage sans brûler une amorce, en s'emparant, chemin faisant, des points fortifiés tels qu'églises et monuments publics, et, une fois arrivées à leur but, de se rabattre sur la plaza Mayor, que le commandant en chef comptait attaquer de front en s'y portant directement par les deux grandes artères qui y aboutissaient de la campagne.

Les troupes anglaises marchèrent résolument au sacrifice. Elles s'avancèrent au pas accéléré avec une superbe impassibilité dans ces longues rues qu'un témoin oculaire appelle ce jour-là les sentiers de la mort. Elles furent accueillies par une grêle de projectiles. Du haut des terrasses, hommes et femmes, maîtres et esclaves, animés d'une fureur sauvage, les fusillaient presque à bout portant et leur lançaient des grenades, des briques, des pierres et jusqu'à de l'eau bouillante. Toutes les issues du rez-de-chaussée ayant été solidement barricadées, chaque maison était devenue une forteresse dont on n'aurait pu déloger les défenseurs que par un siège en règle. Pour ainsi dire, à chaque pas, de nouveaux obstacles se dressaient devant les assaillants : ici, de profondes tranchées ; là, des retranchements armés de canons qui vomissaient sur eux des paquets de mitraille. Néanmoins, les colonnes anglaises atteignirent les points qui leur avaient été indiqués. Au nord, Auchmuty s'empara, après un combat sanglant, de la Plaza de Toros et du parc d'artillerie. 53 pièces de canon et 600 prisonniers tombèrent entre ses mains. Sur sa droite, un de ses lieutenants enleva le couvent de Santa-Catalina. Au centre, White-locke s'avança presque jusqu'à la place. Au sud, le général Craufurd s'établit à la Residencia ; mais lorsque les Anglais voulurent se porter sur la plaza Mayor, la fortune qui leur avait souri jusque-là les abandonna. Deux lieutenants d'Auchmuty, le major Vandeleur et le colonel Duff, après avoir échoué dans leurs attaques, furent enveloppés et obligés de mettre bas les armes. Au midi, Craufurd, qui s'était avancé de la Residencia vers la forte-resse, se vit obligé de reculer et de s'enfermer dans l'église de Saint-Dominique. Liniers le fit attaquer par des forces supérieures appuyées par de l'artillerie. Menacé de voir l'église démolie à coups de canon s'écrouler sur lui, le général anglais dut se rendre à discrétion avec toute sa colonne.

C'était un grand succès. Les troupes de Whitelocke restaient, il est vrai, maîtresses de la Residencia et de la Plaza de Toros, ainsi que d'une partie des rues de l'ouest ; mais elles avaient perdu en morts, blessés et prisonniers, 4,000 hommes suivant les uns, 2,000 suivant les autres, ce qui réduisait singulièrement leur nombre.

Liniers, qui, comme toujours, ne s'était pas ménagé pendant cette rude journée et avait même été blessé au côté, ne se laissa pas enivrer par les avantages obtenus. Il pensa sagement qu'autant valait, si faire se pouvait, arrêter l'effusion du sang.

Il écrivit donc à Whitelocke pour lui proposer de lui rendre tous les prisonniers qu'il venait de faire, ainsi que ceux de l'année pré-

cédente, à la condition que les Anglais éva-
cueraient le Rio de la Plata et rendraient la
place de Montevideo. Il ajouta que dans l'état
d'exaspération où était la population, il lui
était impossible de répondre du sort des prisonniers si la lutte se prolongeait.

Le général anglais répondit seulement le
6 à la lettre de Liniers par la demande d'une
suspension d'armes de vingt-quatre heures.
Son but était de gagner du temps pour attendre l'arrivée de la brigade du colonel Mahon
laissée à la garde du pont de Galvez, et pour
tenter un nouvel et suprême effort. Le commandant des forces espagnoles le mit en
demeure de répondre en un quart d'heure
par un refus ou une acceptation pure et simple de ses propositions. N'ayant reçu aucune
réponse dans le délai qu'il avait fixé, il fit
attaquer la Residencia par le colonel Elio. Cet
officier ne savait que se faire battre. Il fut
repoussé avec perte.

Malgré ce petit succès, Whitelocke, comprenant qu'il ne triompherait pas avec les troupes qui lui restaient de la résistance d'une population nombreuse et exaspérée, se décida à accepter les propositions de Liniers, et il l'en prévint officiellement. Le traité qui consacrait la cessation des hostilités et l'évacuation par les Anglais de Montevideo et de tous les autres points qu'ils occupaient dans le Rio de la Plata fut signé le 7 juillet par le général Whitelocke et le contre-amiral George Murray pour l'Angleterre, et par Liniers, Balviani et Velasco pour l'Espagne. Ce traité, qui stipulait la restitution des prisonniers faits de part et d'autre, imposait aux Anglais l'obligation de se rembarquer dans les dix jours et de rendre dans un délai de deux mois la forteresse de Montevideo avec toute son artillerie et dans l'état où elle se trouvait au moment de sa reddition. Pour garantir l'exécution du traité, trois officiers de marque furent donnés en otage par les Anglais et par les Espagnols.

Pour la seconde fois, Buenos-Ayres était

délivrée des Anglais, et cette fois sa délivrance entraînait celle de la colonie tout entière. Comme en 1806, la gloire en rejaillit sur Liniers. S'il avait commis, au début de la lutte, l'erreur de trop compter sur la solidité de ses milices et sur leurs qualités manœuvrières, en les risquant en rase campagne contre les vieilles troupes de l'Angleterre, il n'en avait pas moins préparé le succès final, en créant des moyens de défense qui n'existaient pas et en faisant de cette population paisible une armée brave, résolue et disciplinée, qui avait, entraînée par son exemple, su défendre ses foyers avec une indomptable énergie. Ni ses compagnons d'armes, ni ses contemporains n'hésitèrent à attribuer à notre vaillant compatriote tout le mérite de sa victoire. L'enthousiasme des habitants pour leur chef adoré ne connut plus de bornes. Nous en retrouvons l'écho dans la lettre du cabildo au roi Charles IV. « Nous espérons, y est-il « dit, que Votre Majesté voudra bien tenir

« compte des services exceptionnels rendus
« par le général de Liniers dans la reprise et
« la défense de Buenos-Ayres. Il a su exalter
« tous les courages et amener la population
« à braver la mort pour sa religion, son roi
« et sa patrie. Il a su inspirer à ses troupes
« un merveilleux enthousiasme, et il a exposé
« sa personne aux plus grands périls pour
« conserver ces riches provinces à Votre
« Majesté. Le cabildo compte qu'il aura la
« gloire de voir récompenser le mérite du
« général à qui, par son vote, il a confié la
« défense du pays. »

Chacun, du reste, mérite sa part de gloire :
le cabildo, en aidant Liniers à préparer la
défense et en prenant dans la nuit du 2 au
3 juillet les énergiques mesures qui sauvèrent
la ville ; la population, en abandonnant pendant onze mois ses travaux et ses occupations
pour se consacrer entièrement à son appren-
tissage militaire, et en combattant à l'heure
du danger avec un courage et une abnégation

dont l'histoire ne fournit que d'assez rares exemples.

Sous bien des rapports, Liniers était un guerrier du moyen âge. Il en avait l'esprit chevaleresque et la foi religieuse. Tout en inspirant à ses soldats une ardeur égale à la sienne, il avait su leur faire partager les sentiments généreux dont il était animé. Jamais un seul instant les combats engagés le 5 juillet dans les rues de la capitale n'avaient pris le caractère de cruauté sanguinaire et sauvage que devait revêtir un an plus tard la lutte de l'Indépendance espagnole. Au plus fort de la bataille, les défenseurs de Buenos-Ayres avaient pris soin des blessés anglais. Aussi, une fois les épées rentrées au fourreau, n'y eut-il plus, entre les ennemis de la veille, qu'un échange de procédés courtois. Liniers assista avec les membres de l'audiencia et du cabildo à l'enterrement des officiers anglais qui avaient succombé dans la lutte, et leur fit rendre les honneurs militaires par quatre de ses bataillons. A quelques jours de là, il réunit dans un banquet les autorités de la ville et ses compagnons d'armes aux principaux chefs de l'armée anglaise.

Les événements de Buenos-Ayres eurent un immense retentissement dans toute l'Amérique espagnole. Au fur et à mesure que la nouvelle s'en répandit, les populations célébrèrent par des fêtes publiques et des cérémonies religieuses le triomphe de leurs compatriotes sur les envahisseurs étrangers. Des frontières du Mexique à celles du Chili, le nom de Liniers fut acclamé par tous et devint aussi populaire qu'aucun de ceux des héros de la conquête.

Buenos-Ayres célébra aussi dignement sa délivrance. On rendit les honneurs funèbres à ceux qui avaient péri les armes à la main. Le cabildo assura des pensions viagères à leurs veuves et à leurs enfants, et donna des secours aux blessés. Une souscription publique réunit les fonds nécessaires pour donner la

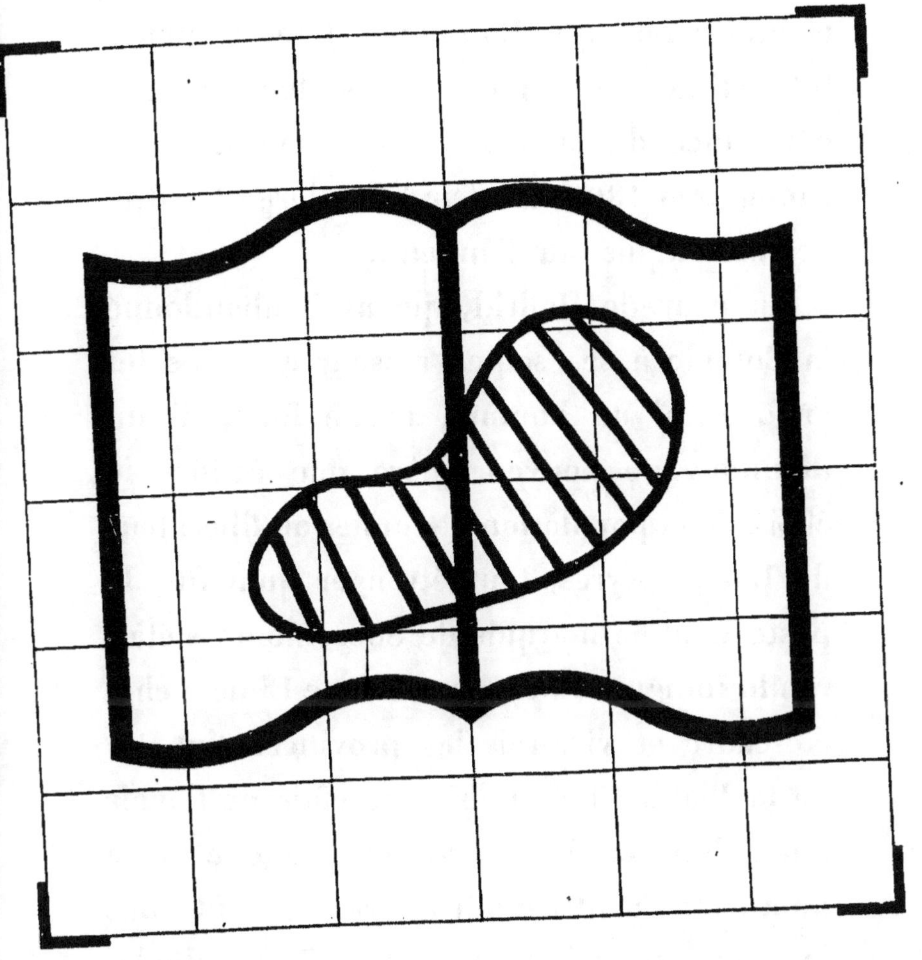

liberté à soixante-dix esclaves d'entre ceux qui avaient montré le plus de courage. Leur affranchissement fut l'occasion d'une touchante cérémonie. Enfin, une fête religieuse fut instituée en commémoration de l'heureuse délivrance de la ville et du vœu fait par Liniers, en 1806, d'offrir à la Vierge les drapeaux conquis sur l'ennemi.

La cour de Madrid, qui avait abandonné la Colonie à ses seules ressources, sans lui envoyer ni un homme, ni un fusil, ni un doublon, ne pouvait guère que ratifier le choix de la population et confier au libérateur de Buenos-Ayres, tout étranger qu'il fût, le poste dont le marquis de Sobremonte s'était rendu indigne. Elle nomma donc Liniers chef d'escadre et vice-roi des provinces du Rio de la Plata. Elle semble toutefois ne l'avoir fait qu'un peu à contre-cœur, car elle ne le nomma qu'à titre intérimaire, ce dont nous le verrons se plaindre plus tard. Enfin, elle lui donna la commanderie d'Arens dans l'ordre militaire de Montesa, qui lui valut sans doute un beau revenu.

Pendant que l'Espagne récompensait ainsi le vaillant soldat qui lui avait conservé sa riche colonie, l'Angleterre frappait durement le général qui avait si mal soutenu l'honneur de ses armes. Traduit devant un conseil de guerre, Whitelocke se vit déclaré à jamais indigne de servir. Sir Home Popham, qui avait agi sans l'autorisation du gouvernement, passa, lui aussi, devant une cour martiale, mais il en fut quitte pour une réprimande.

C'était un vaste empire que cette vice-royauté du Rio de la Plata, que le libérateur de Buenos-Ayres était appelé à gouverner. Elle embrassait le territoire qu'occupent aujourd'hui les quatre républiques de la Bolivie, du Paraguay, de l'Uruguay et de l'Argentine. Pourtant, la tâche des prédécesseurs de Liniers avait été facile. La sienne était malheureusement hérissée de difficultés. Pour en venir à bout, il aurait fallu un véritable génie politique. Or, si le vainqueur de Whitelocke était un brillant soldat et même un remarquable organisateur, ce n'était pas un homme d'État capable de maîtriser une démocratie. D'ailleurs, il faut bien le reconnaître, de plus habiles que lui auraient eu de la peine à y réussir. Entre le jour où Sobremonte avait été nommé vice-roi et celui où Liniers prit en main les rênes du gouvernement, une véritable révolution s'était accomplie dans les esprits. Les Anglais avaient répandu dans la Colonie des ferments de discorde et fomenté chez les habitants des désirs d'indépendance politique et de liberté commerciale qu'il était désormais impossible de contenir. Ceux-ci, abandonnés par la mère patrie à l'heure où elle aurait dû les secourir, avaient pris l'habitude de se gouverner eux-mêmes et n'entendaient pas revenir aux errements du passé. Le cabildo, quoique composé en majorité d'Espagnols, avait pris la tête du mouvement populaire et avait concentré dans ses mains tous les pouvoirs que l'audiencia n'avait pas su retenir.

C'était lui qui, par des impôts volontairement consentis et par des souscriptions patriotiques, avait réuni les ressources nécessaires à l'organisation de la défense, qui n'avait pas coûté moins de deux millions de piastres. Mais, bien que devenu une sorte de Convention dont la puissance contre-balançait celle du vice-roi, ce conseil ne pouvait agir que d'accord avec l'opinion publique. Toute tentative de résistance de sa part aurait été violemment réprimée par les milices qui, fières de leurs succès, avaient refusé après la victoire de déposer les armes, et qui formaient, avec leurs chefs élus, une démocratie militaire absolument résolue à faire prévaloir ses volontés.

Toutefois, l'accord était loin de régner entre les différents éléments qui composaient cette force armée. Les bataillons espagnols, toujours imbus de la conviction de leur supériorité sur les créoles et les races inférieures, voulaient maintenir la suprématie exercée par eux jusque-là. Très mécontents de voir des armes aux mains de ceux qu'ils considéraient comme leurs sujets, ils avaient demandé la dissolution des corps indigènes. Ceux-ci, qui aspiraient non seulement à ne plus avoir de maîtres, mais encore à dominer à leur tour, se refusèrent résolument à se dessaisir des armes dont ils avaient su si vaillamment se servir. Ils en appelèrent à Liniers. Celui-ci leur donna gain de cause. Son intérêt lui en faisait une loi.

L'âme du parti espagnol était don Martin Alzaga, cet énergique alcade qui avait si puissamment contribué à mettre Buenos-Ayres en état de défense dans la nuit du 2 au 3 juillet. Alzaga était un homme d'un caractère dominateur, impérieux et hautain, tout plein de l'orgueil de sa nation et imbu de ses préjugés. Liniers, malgré tous les services rendus au pays, restait à ses yeux un étranger, c'est-à-dire un suspect. Ce sentiment avait été surexcité chez lui par le fait que le vice-roi devait son élévation à la population créole dont il était l'idole, et qui voyait en lui son protecteur et son chef.

Liniers se vit donc en butte à une sorte d'hostilité du parti espagnol, auquel le rattachaient pourtant son origine, ses intérêts et ses préférences, et il fut contraint de chercher son point d'appui dans la population créole et indigène. Dans ces conditions, c'était chose bien difficile que de gouverner cette démocratie divisée, remuante et armée, qui ne voulait plus pour chef qu'un exécuteur de ses volontés.

À l'époque qui nous occupe, les communications étaient rares et difficiles entre l'Espagne et sa colonie. Les croisières anglaises laissaient passer bien peu de navires. Partie par suite de ces difficultés, partie à cause des lenteurs calculées et des hésitations de la cour de Madrid, Liniers ne reçut qu'en mai 1808 sa nomination au poste de vice-roi. La nouvelle de la révolution d'Aranjuez, de l'abdication de Charles IV et de l'avènement de Ferdinand VII arriva deux mois plus tard dans la colonie. Godoy était aussi détesté en Amérique que dans la Péninsule. Tout le monde applaudit à sa chute, et il y eut, malgré les profonds dissentiments qui existaient entre les colons, unanimité pour reconnaître le nouveau roi, à qui l'on se prépara à prêter le serment de fidélité.

Précisément à ce moment, l'envoyé de Napoléon débarqua à Maldonado, apportant la nouvelle des événements de Bayonne que la colonie ignorait encore. Jamais l'opinion publique n'avait été aussi peu favorable au renversement du souverain légitime au profit d'un usurpateur étranger. Espagnols et créoles avaient salué avec enthousiasme l'avènement du jeune roi, sur lequel ils fondaient, sans raison d'ailleurs, les plus belles espérances. Les uns et les autres avaient au cœur la haine de toute domination étrangère, que ce fût celle de l'Angleterre ou celle de la France, et pas plus les uns que les autres n'étaient disposés à accepter un changement de dynastie imposé à la mère patrie par le tout-puissant empereur qui était à cette époque l'arbitre de l'Europe continentale. Quant à Liniers, quels que pussent être ses sentiments, il ne pouvait que se soumettre à la volonté des populations, dont il n'était le chef obéi qu'à la condition d'en être en même temps l'instrument docile.

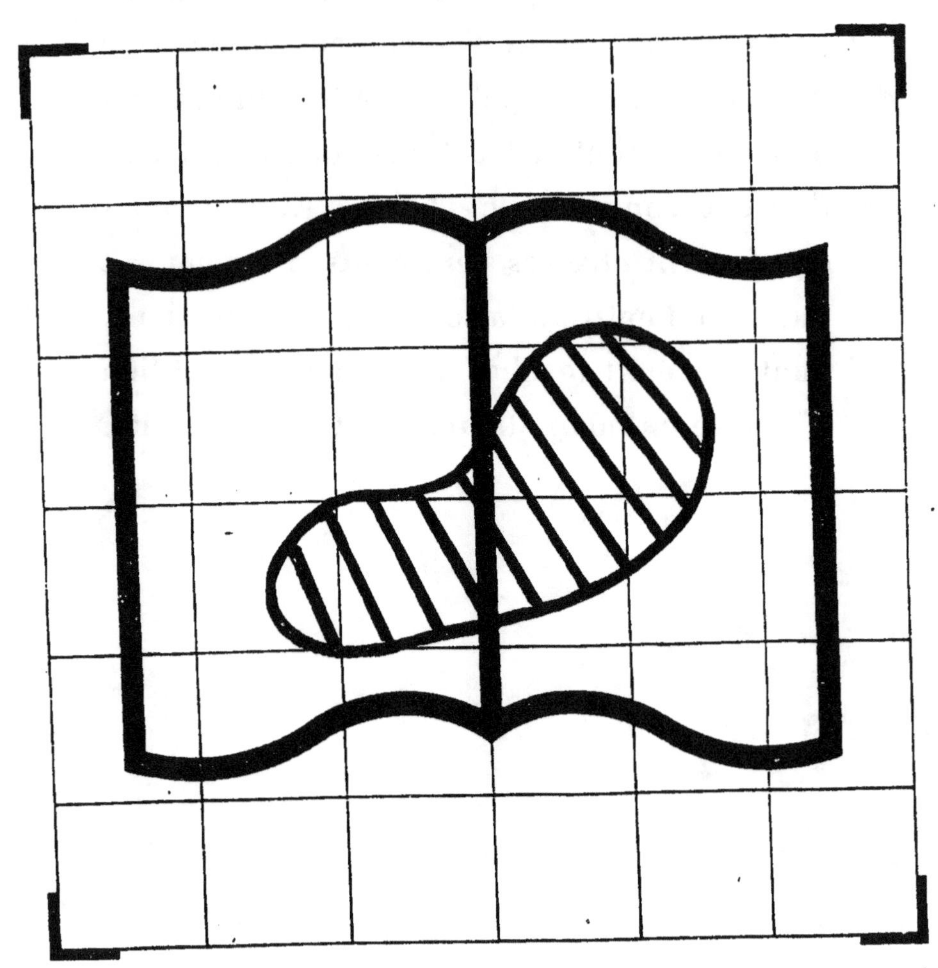

CHAPITRE IV

LE MARQUIS DE SASSENAY

(1760-1808)

Naissance et famille du marquis de Sassenay. — Sa vie
avant 1789. — Il est nommé député aux états généraux.
— Il émigre. — Ses campagnes pendant la Révolution.
— Il passe aux États-Unis et s'y livre au commerce.
— Voyages à Buenos-Ayres. — Retour en France. —
Les tribulations d'un émigré. — Napoléon l'appelle à
Bayonne.

L'histoire de l'envoyé de Napoléon, jusqu'au jour où il s'embarqua à Bayonne pour
le Rio de la Plata, n'offre pas, comme celle
de Liniers, une suite presque ininterrompue
d'actions d'éclat. Elle n'est cependant pas
dépourvue d'intérêt, car elle nous fournit un
nouvel exemple des dures épreuves qu'eurent
à supporter les gentilshommes contemporains
de la Révolution, jetés brusquement d'une vie

heureuse et opulente dans les misères et les souffrances de l'exil.

Né à Dijon le 25 novembre 1760, Claude-Henri-Étienne Bernard, marquis de Sassenay, était le troisième des six enfants et l'ainé des quatre fils de François-Marie Bernard, vicomte de Sassenay et de Chalon-sur-Saône, et d'Henriette-Flore Feydeau de Brou. Les Bernard de Sassenay appartenaient à la noblesse de robe. Le fondateur de cette famille, Étienne Bernard, avait, au temps de la Ligue, joué un rôle considérable en Bourgogne et aux états généraux de 1588 et de 1593. Ses descendants avaient presque tous fait partie du Parlement de Dijon. Le père d'Étienne était président à mortier. Celui-ci semblait donc devoir, lui aussi, entrer dans la magistrature. Il n'en fut pourtant pas ainsi. Le président de Sassenay, quoique parvenu à l'une des plus hautes charges parlementaires et occupant dans son corps et à Dijon une grande situation de nature à assurer l'avenir de ses fils dans la

carrière qu'il avait suivie lui-même, résolut
de faire de son aîné un homme d'épée. Quels
que fussent les mobiles qui le poussèrent à
rompre ainsi avec les traditions de sa famille,
il est certain qu'Étienne de Sassenay entra en
1777 en qualité de sous-lieutenant au régiment de Berri-cavalerie, d'où il passa en
1781 comme capitaine au régiment de
Condé-dragons.

Jusqu'à sa majorité et même après, le jeune
officier eut à compter avec l'autorité pater-
nelle, qui s'exerçait alors dans toute sa plénitude. Même sur la fin de l'ancien régime, les
parents, surtout en province, ne gâtaient point
leurs enfants comme le font ceux d'aujour-
d'hui. Le président de Sassenay n'était pas
homme à abandonner la moindre parcelle de
ses droits de père de famille. Il avait élevé
ses enfants très sévèrement, presque durement, les tenant à distance et exigeant d'eux
une obéissance passive et un respect presque
religieux. Pour montrer ce qu'était sa manière

d'être vis-à-vis d'eux, il me suffira de dire qu'en voyage, il n'aurait jamais eu la pensée d'offrir même à son fils aîné une place dans sa chaise, et qu'il l'obligeait à galoper à ses côtés sur un bidet de poste.

Le président mourut en 1783, laissant à ses héritiers une fortune qui ne devait pas être inférieure à 4,300,000 livres, somme considérable pour l'époque. Par son testament, il avait institué son fils aîné son légataire universel. Après payement de ce qui revenait à ses frères et sœurs, Étienne de Sassenay se trouva à vingt-trois ans à la tête d'un patrimoine de tout près de 3 millions de livres.

La possession de ce magnifique héritage ne fit pas perdre la tête au jeune capitaine. Il sut l'administrer et en user sagement. Les six années qui s'écoulèrent de la mort de son père à la réunion des états généraux furent incontestablement pour lui une période heureuse. Riche, bien allié et partant bien posé dans le monde, il vit s'ouvrir devant lui les portes de tous les salons à Paris comme en province, et il put jouir des derniers beaux jours de cette société du dix-huitième siècle si gaie, si aimable et si brillante, qui allait disparaître dans la tourmente révolutionnaire, laissant au cœur de tous ceux qui avaient vécu au milieu d'elle de doux souvenirs et d'amers regrets.

La vie militaire n'avait à cette époque rien de pénible pour un officier ayant de la fortune. Les congés de semestre s'obtenaient facilement. Sassenay en usa largement. De plus, il eut la chance d'avoir de bonnes garnisons : Besançon, de 1783 à 1787; Metz, de 1788 à 1789. Les ressources de société abondaient dans ces deux villes, et les officiers y étaient bien accueillis. A Metz, nous le savons par des mémoires contemporains, les plaisirs ne manquaient pas. Pendant le temps que le régiment de Condé-dragons y passa, il y avait spectacle cinq fois par semaine, des assemblées les autres jours, et tous les soirs du monde et un souper chez Mme de Bouillé, la femme du général.

Quoique bien jeune encore au moment où commença le grand mouvement de 1789, le marquis de Sassenay avait su se créer dans sa province, autant par sa libéralité que par la douceur et la dignité de son caractère, une influence dont il devait recueillir les fruits même à son retour d'exil, après la perte de sa fortune et de ses privilèges. Cette influence lui valut d'être choisi par la noblesse du bailliage de Chalon-sur-Saône pour la représenter aux états généraux.

Le jeune député, tout en reconnaissant la nécessité d'apporter de grands changements dans la constitution du royaume, était loin de partager l'engouement d'une partie de l'aristocratie pour les idées nouvelles. Il fut donc de ceux qui s'opposèrent jusqu'au bout à la fusion des trois ordres. Nous trouvons son nom dans la liste des membres de la noblesse qui, dans la séance du 30 juin, déposèrent, avant de prendre place dans l'assemblée, des protestations contre la mesure qui violait les privilèges de leur ordre. En agissant ainsi, il se conformait au mandat formel qui lui avait été donné par ses électeurs (1).

Le marquis de Sassenay ne fit pas longtemps partie de la Constituante. Soit dégoût pour les luttes parlementaires, soit conviction de l'impuissance de son parti à arrêter le torrent révolutionnaire, il se décida promptement à renoncer à son mandat de député, et il donna sa démission le 10 novembre 1789 (2).

Dès les premiers jours de la Révolution, la vie était devenue bien difficile pour ceux qui avaient appartenu aux classes privilégiées. Il n'y avait plus pour eux de sûreté nulle part. Dans les campagnes, les paysans brûlaient les châteaux pour détruire les titres féodaux, et maltraitaient leurs anciens seigneurs. Dans les villes, la situation n'était pas meilleure.

(1) L'abbé Barzon, *Recherches historiques sur la persécution religieuse dans le département de Saône-et-Loire pendant la Révolution*, p. 405.

(2) *Dictionnaire des parlementaires*, t. I, p. 278. — *Archives parlementaires*, t. VII, p. 173, 205, et t. IX, p. 731.

Tous les membres de l'aristocratie étaient espionnés et dénoncés par leurs domestiques et leurs fournisseurs, et insultés dans la rue par la populace qui y régnait en maîtresse absolue. Nulle part les débiteurs ne payaient plus leurs dettes. A l'armée, l'officier noble était mal vu de ses soldats et n'était plus obéi qu'à la condition d'afficher les sentiments les plus exaltés. Si pour beaucoup l'émigration fut une affaire de mode, pour le plus grand nombre elle fut une nécessité. On quitta le pays pour sauver sa vie et celle des siens.

Le marquis subit le sort commun. Si son château de Sassenay ne fut ni pillé ni brûlé comme tant d'autres demeures seigneuriales, il le dut à l'attachement que ses anciens vassaux avaient conservé pour lui. Les idées révolutionnaires avaient pourtant fait des prosélytes dans les communes de Cressey, de Virey et de Sassenay, où se trouvaient ses propriétés; mais elles y étaient tempérées par des idées religieuses que la Terreur même ne parvint pas à déraciner. Le ci-devant seigneur aurait donc pu vivre à peu près tranquille dans son château sans le voisinage de Chalon. Cette ville, livrée à la tyrannie d'un petit nombre d'énergumènes, était devenue un foyer révolutionnaire très menaçant pour les gentilshommes des environs. Dijon était également en proie aux jacobins. Jusque vers le milieu de 1792, ce fut encore à Paris où les nobles furent le moins exposés aux violences populaires. Aussi Sassenay séjourna-t-il le plus habituellement dans cette ville, après avoir donné sa démission de député. Mais s'il y trouva un calme relatif, il n'en eut pas moins à lutter contre des difficultés d'argent qui devinrent de jour en jour plus grandes. Personne ne le payait plus, ni ses fermiers ni ceux auxquels il avait prêté de l'argent, et les rares débiteurs qui voulaient bien s'acquitter de leurs dettes se libéraient en assignats dépréciés.

Sassenay hésita longtemps à s'expatrier.

C'était s'exposer à voir ses biens confisqués. Pourtant, la situation finit par devenir si menaçante en juin 1792, qu'il se décida à quitter la France. Il prit toutefois la précaution de se faire délivrer par la municipalité du quartier du Temple, où il habitait, un passeport pour les États-Unis d'Amérique, avec lesquels on était en paix. Ce passeport fut établi au nom du citoyen Bernard Sassenay, car les titres et la particule avaient depuis longtemps été bannis du langage révolutionnaire.

Sassenay avait, avant de prendre le chemin de l'exil, réalisé toutes ses ressources et réuni une trentaine de mille francs en or. Il prit passage sur un navire américain qui faisait escale en Angleterre, il débarqua dans ce pays, et, après avoir mis son pécule en lieu de sûreté, il en partit pour rejoindre les émigrés rassemblés sur le Rhin. C'était presque un devoir pour un officier appartenant à la noblesse. Les idées des membres de l'aristocratie d'alors n'étaient pas celles professées aujourd'hui. La patrie et la royauté ne faisaient qu'un dans leur esprit. En combattant la Révolution, dont le but avéré était le renversement du trône, ils croyaient combattre pour la France elle-même. L'alliance avec l'étranger pour rétablir la vieille constitution du royaume n'avait rien de déshonorant à leurs yeux. Turenne et Condé n'avaient-ils pas, au siècle précédent, appelé l'Espagne à leur secours dans leurs luttes contre Mazarin; et au dehors les Jacobites anglais n'avaient-ils pas, depuis 1689, prêté à nos rois, alliés des Stuarts, l'appui de leurs épées pour combattre Guillaume III et la maison de Hanovre?

Sassenay prit du service dans le corps de Condé. Bien des raisons le déterminèrent à préférer ce corps à l'armée des Princes. Il sortait d'un régiment portant le nom de Condé, il était d'une province dont les princes de cette maison avaient été gouverneurs de pères en fils jusqu'à la Révolution; enfin, comme la plupart des officiers, il avait plus

confiance dans les talents militaires du vainqueur du duc de Brunswick à Johannis-
berg (1), que dans ceux des chefs de l'armée
de Coblence. En sa qualité d'ancien dragon,
il s'enrôla dans la cavalerie et fut nommé
fourrier dans la compagnie que commandait
son cousin de Noinville. Il dut s'équiper et
se monter à ses frais, et subvenir avec une
maigre solde à son entretien et à celui de son
cheval.

La campagne de 1792 ne fournit au corps

(1) 1762. Il s'agit du duc héréditaire Charles-Guillaume-
Ferdinand de Brunswick, que Frédéric II aimait comme son
fils et regardait comme son meilleur élève. A la paix,
Brunswick fit un voyage en France; sa première visite fut
pour le prince de Condé, à Chantilly, que Louis XV avait
doté de plusieurs canons pris sur les Prussiens à Johan-
nisberg. Ces trophées ne pouvaient réveiller dans le cœur
du duc allemand que d'amers regrets. Condé s'était empressé
de les faire disparaître, et, touché de cette attention délicate,
Brunswick ne put que dire : « Ah! prince, vous m'avez
« vaincu deux fois : à la guerre par vos armes; dans la paix
« par votre modestie. » (CRÉTINEAU-JOLY, *Histoire des trois
derniers princes de la maison de Condé*, 12, 13, 14 et 15.)
Ce fut ce même Brunswick qui commanda l'armée prus-
sienne pendant la campagne de 1792.

6

de Condé aucune occasion de se signaler. Sassenay ne put que s'acquitter de ses devoirs militaires avec la conscience qui faisait le fond de son caractère. Il réussit toutefois à se faire beaucoup d'amis, dont quelques-uns furent très utiles à sa femme en 1810, comme nous aurons à le dire plus loin.

Le corps de Condé faillit avoir au commencement de 1793 le sort de l'armée de Coblence. Le prince, qui avait épuisé toutes ses ressources et tout son crédit, ne pouvait plus subvenir à la solde de ses soldats et de ses officiers. Les Autrichiens ne voulaient pas donner d'argent et parlaient de licenciement. Chacun dut penser à se tirer d'affaire comme mieux il pourrait. Le marquis fit, à ce moment, la connaissance du baron Charles de Hompesch, qui lui offrit d'entrer au service de l'Angleterre avec le grade de lieutenant. L'offre était tentante pour un pauvre diable qui n'avait plus que son épée pour gagne-pain et qui se voyait menacé d'être licencié. Il accepta donc la proposition du baron et partit avec lui.

L'Angleterre avait déclaré la guerre à la France après l'exécution de Louis XVI. Comme son armée était peu nombreuse, elle avait cherché à recruter sur le continent des corps auxiliaires, en accordant à des officiers étrangers des commissions de colonels, à la condition qu'ils lèveraient des régiments dont elle se chargeait de payer la solde. Au nombre des officiers ainsi commissionnés se trouvait le baron Charles de Hompesch, noble bavarois de vieille race. Il avait débuté au service de l'Autriche, qu'il avait dû quitter pour avoir pris, en qualité de magnat, une part trop active à l'opposition de la noblesse hongroise à la cour de Vienne. Passé au service de la Prusse, il avait été nommé major de cavalerie et s'était acquis l'amitié du Roi par diverses actions d'éclat qui lui avaient valu une réputation méritée de bravoure et d'audace. Je n'en citerai qu'une : elle montre ce dont il était capable. Un jour, pendant la campagne de 1792, Frédéric-Guillaume s'étant plaint qu'il manquait de renseignements sur les mouvements de l'armée française, Hompesch partit avec cinq hussards, se jeta audacieusement sur un avant-poste d'infanterie, enleva à la force du poignet un fantassin dans le rang, jeta son homme en travers de sa selle et, tournant bride, regagna son camp sous une grêle de balles dont pas une ne l'atteignit. Il conduisit son prisonnier au Roi, qui l'interrogea et en obtint les informations souhaitées.

D'après le témoignage d'un des frères Hompesch, le nouveau colonel trouva dans Sassenay un auxiliaire des plus utiles pour la formation de son régiment de hussards, dans lequel entrèrent probablement beaucoup d'anciens soldats des régiments allemands au service de France avant la Révolution. Soit pour dissimuler sa qualité d'émigré, s'il venait à être fait prisonnier, soit tout simplement peut-être pour rendre son nom plus facile à prononcer pour des bouches allemandes et anglaises, il le germanisa en transformant Sassenay en Sassenheim. C'est sous ce dernier nom qu'il fut commissionné par le War office et qu'on le voit figurer dans une liste de l'armée anglaise de 1795.

Les hussards de Hompesch firent dans le corps du duc d'York toute la campagne de France et des Pays-Bas de 1793 à 1795. Cette campagne, dans laquelle les alliés laissèrent échapper, après la bataille de Nerwinde et la défection de Dumouriez, une occasion unique de marcher sur Paris et de mettre fin au régime de la Terreur, se termina pour l'armée anglaise par une série de défaites qui l'obligèrent à évacuer la Hollande. Le général de Walmoden, qui avait pris le commandement après le départ du duc d'York, ne céda le terrain que pied à pied et fit une fort belle retraite des bords de la Meuse aux rives de l'Ems. Mais, pour ses soldats, cette retraite fut horrible. Tout contribua à augmenter leurs souffrances : un hiver d'une rigueur exceptionnelle, l'imprévoyance du commissariat incapable de pourvoir à aucun de leurs besoins, l'insuffisance du service médical, cause de la mort de la plupart des blessés, et enfin le mauvais vouloir, pour ne pas dire l'hostilité des populations qui fermèrent partout les portes des villes à leurs alliés de la veille, en leur refusant vivres et abris. Ce ne fut qu'à Brême que ces malheureux trouvèrent enfin un bon accueil et purent se refaire de leurs fatigues. La mauvaise fortune continua à les poursuivre, et, lorsqu'ils prirent la mer en avril 1795 pour regagner l'Angleterre, ils eurent à subir une violente tempête qui dispersa le convoi qui les portait.

Pendant cette campagne de deux ans, Sassenay s'était courageusement comporté. Le gouvernement anglais récompensa ses services en le nommant capitaine en juillet 1795.

Le baron de Hompesch n'avait pas fait avec

ses hussards la dernière partie de la campagne. Tombé dans une embuscade au commencement de 1794, il avait été fait prisonnier, conduit à Paris et enfermé au Temple, où, jusqu'à la chute de Robespierre, sa vie fut en péril. En 1795, lorsque la République entra en négociations avec Frédéric-Guillaume, il fit valoir son titre d'officier prussien et fut mis en liberté. En traversant l'Alsace, on l'arrêta de nouveau dans un village comme officier anglais et on l'enferma dans une chaumière. Il s'enfuit par la cheminée et gagna le Rhin, qu'il passa de nuit à la nage. Sur l'autre rive, il rencontra aux avant-postes autrichiens un vieux camarade qui lui fournit des vêtements et de l'argent. Il regagna promptement l'Angleterre, où il reprit le commandement de son régiment, exercé en son absence par son frère Christian, qui en était lieutenant-colonel.

Le gouvernement anglais n'accorda pas un long repos aux hussards de Hompesch. Dès le

mois de novembre 1795, il les fit partir pour
les Antilles, où se poursuivait, depuis 1793,
une guerre qui lui coûtait cher en hommes et
en argent. La traversée fut épouvantable.
Elle débuta par une tempête restée célèbre,
dans laquelle périrent nombre de transports
chargés de troupes. Des vents contraires et
d'autres accidents de mer retardèrent si bien
la flotte, qu'elle n'arriva à Saint-Domingue
qu'en mai 1796. On peut juger de l'état dans
lequel devaient être les hommes et les chevaux, après avoir eu à supporter pendant tant
de mois les misères et les souffrances d'un
pareil voyage. Cette traversée fut le prélude
de misères et de souffrances plus grandes
encore.

La partie française de Saint-Domingue
avait été jusqu'au début de la Révolution le
plus beau fleuron de notre couronne colo-
niale (1). La proclamation des *Droits de*

____

(1) V. Schœlcher, *Toussaint-Louverture*, p. 2.

l'homme, en août 1789 (1), y sema les premiers ferments de discorde. Les hommes de couleur, mulâtres et quarterons, tenus jusque-là dans une dépendance humiliante, furent les premiers à revendiquer les mêmes droits civils et politiques que les blancs. Ces droits, ils ne les voulaient que pour eux seuls, et non pour les nègres. Possesseurs du tiers des terres et du quart des esclaves (2), ils n'avaient aucun intérêt à l'affranchissement de la population servile. Leurs revendications, tour à tour repoussées et admises par l'Assemblée nationale et par les blancs, jetèrent la désunion parmi ceux-ci et amenèrent entre eux des conflits sanglants. Les hommes de couleur finirent par en appeler aux armes. Les nègres, après être restés indifférents aux luttes de leurs maîtres, se soulevèrent à leur tour. Cette révolte fut atroce. Elle couvrit l'île de

(1) 20 août 1789. BUCHEZ, *Histoire de la Constituante*, t. II, p. 398.

(2) V. SCHOELCHER, *Toussaint-Louverture*, p. 49.

ruines et l'inonda de sang. Elle marqua la fin de la prospérité de Saint-Domingue. Plus de 10,000 blancs émigrèrent et allèrent chercher un refuge à la Jamaïque, aux États-Unis et en Angleterre. D'autres les suivirent plus tard; mais dès lors tous ceux, émigrés ou non, dont la proclamation des grands principes de 1789 avait causé la ruine, prirent en haine la mère patrie et en appelèrent à l'étranger. Ils proposèrent au gouvernement anglais de lui livrer l'île, sous la condition qu'il y rétablirait et y maintiendrait l'ancien ordre de choses. Cette offre tentante fut acceptée aussitôt que la guerre eut été déclarée à la France en 1793.

Si, dès le début des opérations, l'Angleterre avait fait un effort décisif, il est probable que l'entreprise eût été couronnée de succès. Malheureusement pour elle, elle ne sut ou ne put pas faire cet effort. Elle commença par envoyer en 1793, sous le lieutenant-colonel Whitelocke, qui devait être en 1807 l'adversaire de Liniers, un petit corps de 800 hommes qui fut doublé dans le courant de l'année, mais qui ne réussit qu'à occuper quelques points du littoral. En 1794, elle envoya des renforts plus considérables, composés, en partie, d'émigrés français. Mais elle ne se décida qu'à la fin de 1795 à faire partir, sous le général Howe, une véritable armée de 7,000 hommes, dont faisaient partie les hussards de Hompesch, et qui n'arriva, je l'ai dit, qu'en mai 1796. Les circonstances avaient bien changé depuis 1793 ; favorables alors, elles ne l'étaient plus en 1796. Les mulâtres libres et les nègres affranchis en 1793 s'étaient aguerris et formaient sous des chefs d'une incontestable habileté, comme Rigaud et Toussaint-Louverture, une armée nombreuse, disciplinée et, qui plus est, à l'abri des influences climatériques si funestes aux Européens. Les Anglais eurent cependant des succès. Ils s'emparèrent de la plupart des ports et même du centre de l'île. Mais, en 1797,

Toussaint-Louverture, devenu général de division de la République, leur reprit les districts de l'intérieur où ils s'étaient établis et les réduisit à la possession de quelques villes du littoral, qu'ils se virent obligés d'évacuer l'année suivante. Cet insuccès fut surtout l'œuvre d'un climat dévorant, sous l'influence duquel l'armée anglaise se fondit comme la glace sous les rayons du soleil. La fièvre jaune fit dans les rangs d'horribles ravages.

L'un des meilleurs historiens de cette époque troublée, le baron Pamphile de Lacroix, évalue ses pertes à 30,000 hommes pendant toute la durée de la guerre (de 1793 à 1798) (1). Cette évaluation est probablement exagérée, car il ne semble pas que tous les envois de troupes réunis aient jamais atteint ce chiffre. Après l'arrivée du général Howe et de ses 7,000 hommes en mai 1796, le total des renforts successivement arrivés dans l'île

(1) *Mémoire pour servir à l'histoire de la révolution de Saint-Domingue*, 2 vol. in-8°, 1819, t. I, p. 333.

ne devait pas dépasser 13,000 hommes. Or, un rapport fait au Parlement en 1797 constate que le 30 septembre 1796, c'est-à-dire quatre mois après le débarquement du général Howe, l'armée avait perdu, depuis le début de la guerre, entre morts, libérés pour incapacité de service et déserteurs, 7,986 Anglais et 1,067 auxiliaires européens, soit ensemble 9,053 hommes (1). Les hussards de Hompesch furent un des corps les plus éprouvés. Vers le milieu de 1797, il ne restait de ce régiment, qui comptait 616 cavaliers le 1er novembre 1794, que 7 hommes valides entre officiers et soldats. Parmi les victimes de l'épidémie figurait Christian de Hompesch, le second frère du colonel; celui-ci et Sassenay, devenu major pendant la campagne, étaient du nombre des sept assez heureux pour avoir échappé aux balles et à la maladie.

Réduits au rôle de chefs sans soldats, le

(1) *Annual Register*, 1797, Appendix to chronicle, p. 110.

7

colonel et son major abandonnèrent la partie. Hompesch partit pour l'Angleterre. Il y fut nommé général, prit part à l'expédition de Walcheren et mourut en 1812 dans une propriété qu'il avait achetée à Windsor.

Sassenay ne retourna pas en Europe. Les cinq années qui s'étaient écoulées depuis le jour où il avait pris le chemin de l'exil avaient marqué dans sa vie. Si, pendant les campagnes de 1793 et de 1794, il n'avait eu à endurer que les misères et les privations inhérentes à la guerre, la retraite de Hollande, la traversée de l'Atlantique et la campagne de Saint-Domingue avaient été pour lui des périodes de véritables souffrances. Mûri par elles, il en était venu à regretter d'avoir quitté son pays, où l'ordre tendait à se rétablir, et d'avoir mis son épée au service de la vieille ennemie de la France. Aussi profita-t-il de l'occasion que lui offrait la destruction de son régiment pour donner sa démission et pour quitter l'armée anglaise. Ayant toujours eu la sagesse

de vivre avec sa solde, il avait conservé à peu
près intacte la petite somme qu'il avait emportée en émigrant. Avec ce modeste capital,
il résolut de tenter fortune aux États-Unis.

Lancaster, dans l'État de Pensylvanie, fut
la première ville de l'Amérique du Nord où
s'établit le marquis de Sassenay, devenu tout
simplement pour ses nouveaux concitoyens
Bernard Sassenay, esquire. Cette ville parait
lui avoir été indiquée comme un endroit où il
pourrait vivre à bon marché. Peut-être aussi
y fut-il attiré par la présence de colons émigrés auxquels il avait été recommandé par les
amis qu'il s'était faits à Saint-Domingue pendant la guerre. Il n'y séjourna toutefois pas
longtemps, et, en mars 1798, il se transporta à
Wilmington, dans l'État de Delaware. Il y rencontra une famille créole dont il ne tarda pas
à devenir l'ami et le commensal. Cette famille,
qui avait compté parmi les plus opulentes de
Saint-Domingue, se composait de six personnes : Alexandre Bretton des Chapelles, ses

trois sœurs, dont la plus jeune n'était pas mariée, et ses deux beaux-frères, Pierre de Bauduy, un colon émigré, et le baron John Keating, ancien officier de la brigade irlandaise. Tout ce monde, qui avait mené dans la colonie, avant l'abolition de l'esclavage, l'existence la plus fastueuse, se trouvait dans une position des plus précaires. Les hommes faisaient du commerce pour gagner leur vie, et les femmes s'occupaient bourgeoisement des soins du ménage.

Bien accueilli dans cet intérieur où régnaient la plus franche cordialité et la plus complète union, Sassenay ne tarda pas à s'éprendre de Fortunée, la plus jeune des trois sœurs, et demanda sa main. Fortunée avait vingt ans et une jolie figure. C'était le plus clair de son avoir. Malgré la différence d'âge qui existait entre elle et lui, elle avait conçu de l'amour pour l'émigré, dont les manières élégantes et la bonté l'avaient séduite, et elle accueillit avec joie la proposition de devenir sa femme.

Sa résolution fut ratifiée par les siens, et le mariage fut célébré en mai 1798, dans l'église catholique de Wilmington.

Ce petit roman d'amour fut une éclaircie dans la vie de Sassenay, si sombre depuis la Révolution. Pourtant, les deux époux n'étaient pas plus riches l'un que l'autre. S'ils pouvaient caresser l'espoir bien vague alors, lui de rentrer un jour en possession d'une partie de ses terres de France, elle de voir la plantation de sa famille redevenir une exploitation fructueuse, ils ne pouvaient compter pour soutenir leur ménage, à l'heure où ils unirent leur destinée, que sur ce que Sassenay pourrait gagner par son industrie. Ses deux beaux-frères s'occupaient de commerce; il suivit leur exemple, travailla avec eux et chercha à combiner des opérations fructueuses. Les notes qu'il a laissées témoignent de son énergie et de sa persévérance à apprendre le métier de négociant, et du soin apporté par lui dans l'étude des affaires qu'il entreprit.

Le commerce avec l'Amérique du Sud était passé, par suite de la guerre que se faisaient les Espagnols et les Anglais, des mains de ceux-ci dans celles des neutres, qui fournissaient les colonies des marchandises européennes et qui en exportaient les produits. Ce commerce, tout en présentant d'assez grands risques, à cause de l'âpreté des douanes espagnoles, toujours prêtes à contester les déclarations des importateurs et à confisquer les chargements, offrait aux gens hardis des chances de très gros bénéfices. Après s'être bien rendu compte de la nature des marchandises dont le placement était le plus facile dans les ports du Rio de la Plata, où l'on trouvait comme fret de retour des cuirs et des pelleteries recherchés aux États-Unis et en Europe, les trois beaux-frères se décidèrent à tenter fortune de ce côté. Comme leurs capitaux étaient insuffisants, ils s'associèrent à une maison de Philadelphie qui leur fournit des fonds. En trois années, ils expédièrent trois gros chargements :

le premier dans les derniers jours de 1799, sur le *Wilmington;* le second en novembre 1800, sur le *Fabius,* et le dernier en août 1801, sur la *Louisa.* Sassenay partit sur le premier et sur le dernier navire en qualité de subré-cargue, Bauduy sur le second. Ce fut pendant son premier séjour à Buenos-Ayres, de février à juillet 1800, que l'ancien officier de Condé-dragons et des hussards de Hompesch fit la connaissance de Liniers et se lia intimement avec lui.

Les deux premières opérations furent heureuses; la dernière se termina sinon en perte, du moins sans bénéfice. Elle obligea Sassenay à séjourner à Buenos-Ayres de septembre 1801 à mai 1803. Le chargement fut saisi par la douane et ne fut rendu qu'après d'interminables démarches et sous la garantie de négociants du pays, qui abusèrent de la situation pour le faire mettre en vente publique et le racheter à vil prix, au grand détriment des expéditeurs.

Les cinq années pendant lesquelles Sassenay fit du commerce avec le Rio de la Plata ne furent pas pour lui un temps heureux. « C'en est fait pour moi des douceurs de l'existence », écrivait-il, en 1801, à l'un de ses frères, exilé comme lui sur une terre étrangère. Il disait vrai. Le métier était dur, et les risques constants. Sur ces cinq années, il en avait passé plus de la moitié loin de son foyer, partie dans des voyages de mer très pénibles, partie à Buenos-Ayres, où pendant son dernier séjour surtout il avait été en proie aux plus vives et aux plus cruelles angoisses, s'étant cru maintes fois sur le point d'être ruiné. Aussi, à la suite de ce dernier voyage au Rio de la Plata, céda-t-il aux instances de sa femme et se décida-t-il, quoique sans confiance dans l'issue de la tentative, à rentrer en France pour profiter du décret d'amnistie promulgué par le Sénat le 6 floréal an X, et pour tâcher de se faire restituer ensuite ceux de ses biens qui n'avaient point encore été vendus.

Dès 1798, Sassenay avait cherché à se faire rayer de la liste des émigrés. Il avait fait dans ce but des démarches auprès du résident français à Philadelphie et auprès des autorités de Saint-Domingue. D'autres démarches avaient été en même temps tentées en France en sa faveur, notamment par un de ses anciens collègues de la Constituante, Dupont de Nemours, dont il avait fait ou refait la connaissance en Amérique. Néanmoins, aucun résultat n'avait été obtenu, et il figurait toujours sur la liste de proscription, lorsque lui et sa femme se retrouvèrent à Orléans à la fin de l'été 1803, lui arrivant de Buenos-Ayres, elle venant de Wilmington.

La plupart des écrivains qui se sont occupés de l'histoire du Consulat nous représentent cette période comme une ère d'apaisement et de concorde. Ils nous montrent les bannis rentrant en foule en France, tout heureux de s'y retrouver et bientôt remis en possession de leurs biens. M. Forneron, dans son *His-*

toire des émigrés, a été un des premiers à signaler des ombres à ce brillant tableau. Si le Premier consul, en véritable chef d'État, mit à exécution la généreuse et politique pensée de rouvrir toutes grandes les portes de France à ces proscrits de la Révolution, qui avaient été l'élite du pays et qui pouvaient encore lui fournir d'utiles et vaillants serviteurs, cette mesure fut loin d'être du goût de bon nombre de ses conseillers qui, comme Fouché, s'étaient enrichis en achetant à vil prix des biens nationaux, et qui, craignant d'être un jour obligés de rendre gorge, considéraient les émigrés comme leurs pires ennemis. Ceux-ci ne trouvèrent donc pas auprès des autorités républicaines un accueil aussi empressé qu'on serait tenté de le croire en lisant les premiers livres de M. Thiers. Ni la radiation ni la mise en possession de biens invendus ne s'obtinrent facilement. De plus, l'émigré, une fois rayé de la liste de proscription, tombait souvent dans les plus grands embarras. L'État qui avait confisqué ses biens n'avait point payé ses dettes. Le malheureux qui en avait laissé derrière lui se trouvait donc en présence d'un passif devenu effrayant, avec un actif nul ou insuffisant pour y faire face. Ses créanciers le traquaient impitoyablement et finissaient, comme cela fut le cas pour plus d'un, par le faire enfermer dans la prison pour dettes.

Pendant trois années, de 1803 à 1806, Sassenay eut à lutter contre la mauvaise volonté et les lenteurs administratives d'abord pour obtenir son certificat d'amnistie, puis pour rentrer en possession des parties de ses biens qui n'avaient point été aliénées, et enfin pour se faire restituer les bois importants dont l'État s'était emparé. La lutte fut rude, et peut-être se serait-il lassé de ces interminables démarches et de ces incessantes et humiliantes sollicitations, s'il n'avait pas été soutenu et encouragé par sa femme, qui ne désespéra jamais et qui lui prêta un précieux concours. Cette jeune créole n'était point une femme ordinaire. Elle était douée d'une rare intelligence des affaires et d'une persévérante énergie que rien ne décourageait. Elle avait d'ailleurs dans son étoile la confiance qui mène au succès. Cette confiance ne devait point être trompée. La fortune lui vint à la fin, mais elle sut l'appeler à elle en mettant en pratique le vieux proverbe français : « Aide-toi, le Ciel t'aidera. »

Lorsqu'à la fin de 1804 Sassenay obtint enfin son certificat d'amnistie, l'horizon était bien sombre pour lui, et l'on comprend qu'il songeât très sérieusement à retourner en Amérique pour y reprendre son métier de commerçant. A part quelques parcelles de terres, ses domaines et ses châteaux de Saint-Aubin, du Tartre et de Sassenay avaient été vendus à des particuliers. Son hôtel de Dijon et son vignoble du Montrachet l'avaient été également. Seuls les bois de Sassenay et de Virey étaient restés entre les mains de l'État, qui se les était appropriés, mais qui reconnaissait lui devoir une indemnité depuis sa radiation. La plupart des acquéreurs de ses propriétés, surtout à Sassenay, se montraient bien disposés à les lui restituer, mais contre remboursement des sommes payées par eux à la nation. Ces sommes, il ne les avait pas. S'il pouvait espérer rentrer dans quelques créances importantes, il avait, par contre, à régler ce qu'il devait à son oncle et à ses frères du fait de la succession de son père. C'étaient de lourdes charges auxquelles il n'était plus en mesure de faire face, et au sujet desquelles il lui fallait tâcher d'entrer en arrangement. Il finit pourtant par tirer de la situation ce qu'il pouvait raisonnablement espérer. Ce résultat fut dû en grande partie aux excellents souvenirs qu'il avait laissés en Bourgogne. Un an avant son retour, son beau-frère Keating, venu en France pour voir ce qu'il y avait à faire en sa faveur, écrivait à sa sœur : « Il faut que Sassenay revienne ici

« pour y défendre ses intérêts ; un tel avocat
« a tout pour réussir. Il est impossible d'être
« plus aimé, plus estimé et même plus res-
« pecté qu'il ne l'est dans le pays : c'est le
« sentiment de tous ceux que j'ai vus, même
« de ceux qui ne savaient pas combien je lui
« suis attaché. »

Au cours de l'année 1804, il rentra en
possession de toutes les parcelles invendues.
Sous la pression de l'opinion qui lui était
favorable, les préfets ne se montrèrent pas
trop hostiles, et celui du Doubs lui témoigna
même une certaine bienveillance. Il put ainsi
venir à bout plus facilement que d'autres
émigrés des lenteurs calculées de l'administration. Entre temps, il recouvra quelques
créances importantes qui lui permirent de
transiger avec son oncle, auquel il devait une
pension viagère qu'il n'était plus en état de
payer. La transaction ne fut pas facile à
obtenir. Cet oncle était d'un naturel processif
et avait commencé par prendre hypothèque

sur tout ce que l'État avait rendu à son neveu. Mais toutes ces bribes de sa richesse passée ne constituaient pas une fortune qui permit au marquis de rester en France. La grosse question était d'obtenir la restitution des bois de Sassenay et de Virey. L'émigré désespérait d'y jamais réussir, lorsque sa femme eut l'idée de faire appel à l'Impératrice, créole comme elle. Joséphine nourrissait pour l'ancienne noblesse, ainsi que pour ses compatriotes des colonies, des sentiments très bienveillants. Elle accueillit favorablement la requête de Mme de Sassenay qui lui fut présentée par une amie, prit l'affaire à cœur et fit tant et si bien qu'un décret du 22 avril 1806 remit Sassenay en possession des trois cent quatre-vingt-trois hectares de bois que l'État s'était appropriés.

Deux mois plus tard, le marquis racheta pour 40,000 francs son château de Sassenay. Il eut fort à faire pour le rendre habitable. Non seulement le mobilier n'existait plus, et l'in-

térieur avait été horriblement détérioré par
les habitants qui en avaient fait quelque temps
le lieu de leurs réunions ; mais le parc de cent
arpents clos de murs, qui en avait fait l'ornement
avant la Révolution, avait été défriché et transformé en terres arables, et les parterres et les
charmilles qui l'entouraient avaient fait place
à un rustique potager. En un mot, tout ce qui
donnait à la vieille demeure de sa famille une
apparence seigneuriale avait disparu. Sassenay s'y réinstalla tant bien que mal et se mit
à vivre en propriétaire campagnard, sans toutefois renoncer à faire du commerce. Il avait,
en effet, grand besoin de gagner de l'argent.
Malgré la restitution qui lui avait été faite, sa
situation de fortune était des plus modestes.
Après de nouvelles transactions négociées en
1806, au sujet de ce que réclamait son oncle
et de ce qu'il devait à ses frères, transactions
dans lesquelles ces derniers, le plus jeune
surtout, montrèrent un louable désintéresse-
ment, il ne paraît pas qu'il lui restât plus de

5,000 francs de revenu de ses bois, qui, probablement, avaient été coupés à blanc par l'État.

Au nombre des humiliations que la Révolution victorieuse infligeait à ceux que son odieuse et sanguinaire tyrannie avait contraints à s'expatrier, il en est une qu'on ne peut passer sous silence, et à laquelle Sassenay et sa femme durent se soumettre. Aux yeux de la loi nouvelle, les mariages les plus régulièrement contractés à l'étranger étaient nuls et non avenus, et aucun moyen n'était laissé aux intéressés pour en prouver la validité et les faire reconnaître en France. Tant qu'un nouveau mariage n'avait point été célébré devant les autorités républicaines, les unions contractées dans l'exil demeuraient légalement illégitimes; les femmes, des concubines; les enfants, des bâtards. Pour éviter les graves inconvénients qui pouvaient résulter de cette situation, M. et Mme de Sassenay se remarièrent le 26 janvier 1806, à la mairie du

IIe arrondissement, à Paris, en reconnaissant les deux enfants qui leur étaient nés, une fille en 1799, un fils en 1805. L'ancien émigré ne renonça définitivement à toute idée de retour en Amérique qu'à la fin de 1806. La Révolution avait fait dans sa position un si grand changement, qu'il ne se plaisait plus en France, n'y trouvant même pas, en compensation de ses privilèges et de ses richesses perdus, la véritable liberté qui régnait aux États-Unis, et dont il avait apprécié les bienfaits. Il chercha donc à faire avec M. d'Aguesseau, le descendant du chancelier, l'échange de son château et de ses bois de Sassenay contre la terre de Dover en Virginie. Cette négociation échoua, à son grand regret, par suite des prétentions trop élevées du propriétaire de Dover. Forcé de tirer parti de ce qui lui restait, Sassenay ne songea plus qu'à relever sa fortune par des opérations commerciales et une sage exploitation de ses propriétés.

C'est au milieu de ses occupations auxquelles

il s'était consacré tout entier en père de famille soucieux d'assurer le présent et l'avenir des siens, que vint le surprendre, en mai 1808, l'ordre de l'Empereur qui l'appelait à Bayonne, pour lui confier, contre son gré, la difficile et périlleuse mission qui fera le sujet des pages qui vont suivre.

CHAPITRE V

LA MISSION (1)

Le voyage du *Consolateur*. — Sassenay débarque à Maldonado, d'où il se rend à Buenos-Ayres. — Perplexité de Liniers. — Réception publique faite à Sassenay. — Entrevue secrète. — Sassenay retourne à Montevideo, où il est jeté en prison.

Comme je l'ai dit plus haut, le marquis de Sassenay mit à la voile le 30 mai 1808 pour le Rio de la Plata sur le brick *le Consolateur*.

(1) Jules RICHARD, déjà cité. — Bartolomé MITRE, déjà cité. — Gregorio FUNES, déjà cité. — Mariano TORRENTE, déjà cité. — MELLET (Julien), *Voyages dans l'intérieur de l'Amérique méridionale*. — Archives des affaires étrangères ; Rapport de Sassenay du 23 mai 1810. Espagne, t. DCLXXXII, f° 213. — Archives du ministère de la marine ; Campagnes de 1808, vol. XIV, pièce 100 ; Rapport du lieutenant Dauriac. — Dossier de l'instruction ouverte contre Sassenay à Montevideo, et dossier des procès-verbaux de l'audiencia du 15 octobre 1808. — Documents communiqués par M. le général Mitre. — Le journal le *Times* du 24 août 1810.

Ce petit bâtiment, dont toute l'artillerie consistait en une pièce de 16, deux pièces de 4 et quatre pierriers, emportait 600 fusils et des munitions que l'Empereur envoyait aux autorités de la colonie. Il était commandé par le lieutenant de vaisseau Dauriac, qui avait sous ses ordres les deux enseignes Dolhabaratz et Castagnier. Un second passager, le négociant Julien Mellet, avait été admis à bord. Il allait chercher fortune au nouveau monde, et il nous a laissé, dans son ouvrage sur l'Amérique méridionale, un récit détaillé de la traversée. Elle commença mal. Dans la nuit qui suivit le départ de Bayonne, le *Consolateur* eut à supporter un coup de vent terrible dans lequel il faillit périr, et qui lui causa de sérieuses avaries. Dès qu'elles furent réparées, il reprit sa route, en cherchant à éviter les croiseurs anglais, qui pullulaient le long des côtes d'Espagne et de Portugal.

Le 29 mai, à la suite de l'entretien qu'il avait eu avec Sassenay, M. de Champagny lui avait fait parvenir une instruction générale qui contenait l'ordre de s'embarquer sur le *Consolateur*. Le 30 mai, au moment où le navire levait l'ancre, il lui avait fait remettre, en même temps qu'une valise pleine de dépêches destinées à Liniers et aux autorités coloniales, un pli cacheté qu'il ne devait ouvrir qu'en haute mer. Lorsque le marquis en eut pris connaissance, il fut, au diré de ceux qui l'ont connu, saisi d'un véritable désespoir. Que contenait cette instruction secrète? N'ayant pu en trouver nulle part la copie dans nos archives, j'en suis réduit aux conjectures. Il est à supposer que les communications que l'envoyé était chargé de faire à Liniers lui parurent devoir être mal accueillies. Il est également à supposer que Sassenay reçut l'ordre de détruire cette instruction après l'avoir lue, pour qu'elle ne tombât pas aux mains des Anglais, si le navire venait à être capturé. Toujours est-il qu'elle ne fut pas trouvée parmi ses papiers, lorsqu'il fut fouillé et jeté en prison à Monte-

video, comme j'aurai à le raconter plus loin.
Les Espagnols ne mirent la main que sur l'instruction générale, que je crois utile de repro-
duire en entier.

« M. de Sassenay, y est-il dit, a déjà été
« informé de l'objet de la mission que Sa
« Majesté a daigné lui confier. Il est chargé
« de porter à Buenos-Ayres des dépêches
« adressées aux autorités de la colonie. Il
« s'embarquera sur le brick de Sa Majesté, *le*
« *Consolateur,* commandé par M. Dauriac,
« lieutenant de vaisseau, qui le conduira à la
« côte du Rio de la Plata.

« D'après les renseignements que M. de
« Sassenay recueillera, et d'après sa propre
« connaissance du pays, il jugera sur quel
« point il devra débarquer, pour pouvoir se
« rendre par terre à Montevideo ou à Buenos-
« Ayres. Avant de débarquer, il s'entendra
« avec le capitaine sur le port où le navire
« devra le rejoindre. Il ne se déterminera à
« continuer son voyage sur le brick jusqu'à

« Buenos-Ayres, qu'après s'être assuré de
« n'avoir point à craindre d'être pris par les
« croiseurs anglais. Il parait préférable que
« le *Consolateur* attende son retour à Monte-
« video.

« M. de Sassenay remettra au général de
« Liniers les dépêches dont il est chargé. Il
« sait ce qu'il aura à lui dire de l'état actuel
« de l'Espagne, de la France et de l'Europe.
« Il lui répétera ce qu'il a vu et entendu à
« Bayonne. Il ne pourra que se faire l'écho
« du langage que tiennent actuellement les
« Espagnols, qui se félicitent d'un changement
« de dynastie accompli d'une manière si paci-
« fique, qui promet à leur patrie le remède
« aux maux dont elle souffrait depuis si long-
« temps, et qui leur donne l'espoir de voir
« renaitre son ancienne gloire et son ancienne
« prospérité. Il annoncera qu'une assemblée
« a été convoquée à Bayonne pour s'occuper
« de la régénération du pays, et il dira quelles
« espérances cette convocation fait naitre

« dans toute l'Espagne, dont les villes et les
« bourgs appellent de tous leurs vœux le
« souverain qui leur a été promis, Joseph
« Napoléon, roi de Naples et de Sicile. M. de
« Sassenay fera connaître à l'Amérique quelle
« gloire environne la France et quelle influence
« le puissant génie qui la gouverne exerce
« sur l'Europe à laquelle il dicte ses lois. Il
« recueillera tous les renseignements qu'il
« pourra obtenir sur l'état de l'Amérique
« espagnole et en particulier de la vice-
« royauté de Buenos-Ayres. Il observera,
« avec une attention spéciale, l'effet produit
« sur les autorités par la nouvelle de l'heu-
« reux changement accompli en Espagne. Si
« la chose lui est possible, il réunira des ren-
« seignements de même nature sur le Pérou
« et le Chili. Néanmoins, l'importance des
« nouvelles qu'il aura à rapporter en Europe
« pourra l'amener à hâter son retour. Ce sera à
« lui à fixer le moment de son départ. Il se char-
« gera des dépêches du général de Liniers et

8

« reviendra en France avec le *Consolateur* (1). »

Bien que le brick fût un assez bon marcheur, le voyage dura soixante-dix jours. Après avoir eu à lutter contre des vents contraires dans le golfe de Gascogne, il rencontra, par neuf degrés de latitude nord, des vents du sud qui l'obligèrent à louvoyer pendant deux ou trois semaines. La vie à bord d'un voilier au commencement du siècle ne ressemblait guère à celle qu'on mène aujourd'hui sur les magnifiques paquebots qui font le service entre l'Europe et l'Amérique. Il y avait absence complète de confort. La nourriture était exécrable. Les conserves étaient d'invention récente, et leur adoption dans la marine de guerre datait de 1804. On en était réduit les trois quarts du temps au biscuit, aux légumes secs et à la viande salée, qui, à la longue,

(1) Cette instruction signée par M. de Champagny est datée du 29 mai 1808. Le texte que je donne est la traduction de la traduction espagnole qui m'a été communiquée par M. le général Mitre. La minute originale n'a pu être retrouvée aux Affaires étrangères.

donne le scorbut. De plus, on n'avait que de l'eau conservée dans des tonneaux, où elle pourrissait et prenait un goût nauséabond que rien ne pouvait corriger. Si l'on ajoute à ces privations la crainte continuelle de rencontrer un croiseur anglais auquel le petit bâtiment eût été hors d'état de résister, on comprendra que la traversée n'eut rien d'agréable pour Sassenay. Elle finit, du reste, comme elle avait commencé. Le navire eut la malchance de tomber, en arrivant dans les parages du Rio de la Plata, dans un épouvantable *pampero*. On appelle ainsi des vents terribles qui, après avoir balayé la pampa où rien ne leur fait obstacle, se déchaînent, avec une extrême violence, sur l'Atlantique. Le *Consolateur* fut rejeté à 600 milles au large. Lorsque la tempête eut cessé, il se rapprocha de la côte et essaya de gagner Montevideo. Des vents contraires l'ayant arrêté cinq jours de suite, Sassenay fit mettre le cap sur Maldonado, petit port fortifié situé à l'entrée du Rio de la Plata, où l'on jeta l'ancre le 9 août, à huit heures et demie du matin.

Une heure plus tard, l'envoyé français débarquait, n'emportant que la valise qui contenait ses dépêches et un léger portemanteau. Connaissant le pays, il savait qu'il serait obligé de voyager à cheval. Il laissait à bord tous ses bagages, qu'il ne devait plus revoir. Avant de quitter le navire, il avait donné au commandant, en vertu de ses instructions, l'ordre de se rendre à Montevideo et de l'y attendre.

Cet ordre, le lieutenant Dauriac ne parvint pas à l'exécuter. En quittant Maldonado, il fut poursuivi par deux vaisseaux anglais de 80 et de 74 canons. Le *Consolateur* n'était pas de taille à lutter contre de pareils adversaires. Un calme qui survint l'empêcha de fuir, et son commandant n'eut d'autre ressource, pour échapper à l'ennemi, que de le faire échouer. Les Anglais détachèrent aussitôt huit grandes péniches remplies de soldats et de marins. Les Français, trop peu nombreux pour résister, durent se jeter à la mer et gagner le rivage à la nage. Les ennemis abordèrent l'épave et la pillèrent. Tout ce qu'il y avait à bord de vivres, de liquides et d'effets fut emporté par eux. Ils négligèrent toutefois les armes. Ce fâcheux événement eut lieu le 10, dans la matinée. La nouvelle en fut portée rapidement à Buenos-Ayres, car Sassenay l'apprit avant son entrevue avec le vice-roi.

Le marquis fut bien accueilli par l'officier qui commandait à Maldonado, et il obtint sans difficulté un pilote pour son navire, et pour lui-même des chevaux et une escorte. Il partit sans perdre de temps et franchit rapidement les trente lieues qui séparent Maldonado de Montevideo, où il arriva le lendemain. Il se présenta immédiatement chez le gouverneur de cette importante forteresse. Ce gouverneur n'était autre que don Xavier Elio, dont j'ai raconté les insuccès militaires à la Colonie et à Buenos-Ayres en 1807, insuccès qui ne l'avaient point empêché d'être promu général,

grâce à Liniers. Elio reçut l'envoyé français
avec assez d'égards; mais après avoir écouté
le récit des événements de Bayonne, il ne lui
dissimula pas combien il en était affligé. Montevideo se préparait à prêter serment de fidélité à Ferdinand VII et à fêter son avènement
au trône. Sassenay engagea le gouverneur à
trouver moyen de suspendre cette cérémonie
jusqu'au moment où il connaîtrait les résolutions du gouvernement de Buenos-Ayres au
sujet des dépêches qu'il apportait. Il lui dit
que, sans en connaître le contenu, il supposait
qu'elles devaient porter des ordres relatifs
aux événements de Bayonne, et, par conséquent, rendre inutile le serment qu'on allait
prêter. Elio répondit qu'il n'était pas le maître
d'ajourner la prestation du serment, et que
s'il prenait une pareille détermination, il pourrait en résulter une fermentation dangereuse
dans la population. Il donna en même temps
à entendre à l'envoyé français qu'il ferait
mieux de ne pas continuer sa route jusqu'à

Buenos-Ayres, où, d'après lui, Liniers, qui n'était environné que de troupes de gens du pays, avait peu d'influence et ne pourrait pas le protéger dans le cas où les nouvelles qu'il apportait provoqueraient un soulèvement. Cette réponse peu encourageante n'arrêta pas Sassenay. Il répliqua au gouverneur qu'il avait l'ordre de remettre ses dépêches au vice-roi, qu'il ne pouvait pas s'en dispenser, et qu'il le priait de lui donner les moyens de se transporter à Buenos-Ayres. Elio y consentit, en le faisant accompagner par un de ses officiers, don Xavier de Igarzabal, capitaine au régiment d'infanterie du Rio de la Plata.

Le 11 août, Sassenay et son guide quittèrent Montevideo dans la matinée. En deux étapes, ils parcoururent les 44 lieues qui séparent cette ville de la Colonie, où ils arrivèrent le lendemain soir.

Si vite que Sassenay eût voyagé, il avait été devancé par les messagers que le commandant de Maldonado et le gouverneur de Montevideo

avaient successivement envoyés à Liniers. Les
gauchos sont, on le sait, de merveilleux cavaliers, et, grâce à eux, le vice-roi connut l'arrivée du marquis assez à temps pour envoyer
au-devant de lui à la Colonie son fils aîné
monté sur la canonnière *la Belen* qu'il commandait. Don Louis de Liniers prit à son
bord les deux voyageurs, traversa le Rio pendant la nuit et les débarqua à Buenos-Ayres le
13 août au matin.

Si Sassenay avait compté sur une réception
chaleureuse de la part de son ami, il dut être
singulièrement désappointé. En arrivant à la
forteresse, dans l'enceinte de laquelle se trouvait l'habitation du vice-roi, le jeune Liniers
disparut pendant qu'on introduisait le marquis et son compagnon dans la grande salle
de réception, où on les laissa se morfondre
pendant deux longues heures.

L'arrivée d'un envoyé de l'empereur des
Français avait, dès le premier moment, donné
l'éveil au vice-roi. Lorsqu'il eut appris, soit

par un rapport d'Elio, soit par les conversations que son fils avait pu avoir avec Sassenay pendant la traversée du Rio de la Plata, les graves événements qui venaient de s'accomplir à Bayonne, il fut jeté dans une cruelle perplexité. Il avait jusque-là, ceci est hors de doute, ressenti et professé une vive admiration pour le grand capitaine qui régnait sur la France. Il est bien difficile de ne pas admettre, comme le dit le général Mitre, que sa première impulsion fut d'applaudir à une révolution qui, en substituant une dynastie nouvelle à une famille bien dégénérée et en réunissant sa patrie d'adoption à sa véritable patrie, ouvrait un champ plus vaste à son ambition et lui permettait d'entrevoir les plus brillantes destinées. Toutefois, à la réflexion, il lui fallut reconnaître que le caractère odieux du guet-apens dans lequel l'Empereur avait fait tomber Ferdinand VII, allait soulever les colères de tous dans la Colonie, aussi bien des créoles que des Espagnols, et que son influence serait absolument impuissante à faire reconnaître l'usurpateur que Napoléon voulait imposer à la mère patrie. Il ne put pas se dissimuler non plus que sa nationalité allait forcément le rendre suspect à une population ombrageuse. Aussi se résolut-il à agir avec une extrême prudence et à ne risquer aucun acte qui pût être interprété contre lui. En conséquence, il convoqua immédiatement les principaux membres de l'audiencia et du cabildo, et ce fut en leur présence qu'il reçut l'envoyé français.

Lorsque, après une longue attente, Sassenay fut enfin introduit dans la salle où se trouvaient réunis le vice-roi et ses conseillers, il voulut se jeter dans les bras de son ami. Liniers se recula, et lui adressant la parole en espagnol, lui déclara d'un ton froid et sec qu'il ne voyait en lui qu'un envoyé de l'Empereur, et qu'il le priait de faire connaître au conseil quel était le but de son voyage. Le marquis, un moment déconcerté par un accueil auquel il était loin de s'attendre, reprit son assurance et répondit également en espagnol qu'il avait été chargé par son souverain d'apporter au vice-roi et aux autorités coloniales des dépêches importantes. Ce disant, il remit aux mains de Liniers la valise qui les contenait. Celui-ci, après la lui avoir fait ouvrir, lui donna l'ordre de se retirer et le fit reconduire dans la salle de réception où il avait passé la matinée et où il lui fallut attendre de nouveau pendant un assez long espace de temps.

Après la sortie de l'envoyé, Liniers donna lecture à ses conseillers des documents que renfermait la valise. Il y en avait de toutes sortes. Et d'abord, deux actes de la plus haute importance : en premier lieu, la renonciation de Ferdinand VII en faveur de son père, à la suite de la protestation que celui-ci avait formulée contre son abdication, et, en second lieu, la renonciation à la couronne d'Espagne, de Charles IV, du même Ferdinand VII et des autres infants, en faveur de Napoléon. Ces deux

actes étaient accompagnés de dépêches de
M. de Champagny par lesquelles il faisait
savoir que l'Empereur allait transférer les
droits qui venaient de lui être cédés à son
frère Joseph, et qu'il avait convoqué les Cortès
pour le 15 juin, à Bayonne, à l'effet de faire
ratifier ces changements par la nation espagnole, dans la plénitude de son indépendance
et de son intégrité. Ces dépêches, dont l'expédition s'était faite avec tant de hâte que quelques-unes n'étaient pas signées, étaient, au
dire d'un historien, rédigées avec beaucoup
d'art. Promesses et menaces y avaient été
habilement mêlées pour gagner à la cause de
Joseph ceux auxquels elles étaient adressées.
A ces actes et à ces dépêches étaient jointes
des lettres confidentielles des ministres espagnols O'farrill et Asanza, adressées aux vice-
rois d'Amérique et des Philippines, leur enjoi-
gnant de faire reconnaître le nouveau roi, et
enfin un décret du Conseil de Castille, par
lequel, en conséquence de la déclaration de

nullité de l'abdication de Charles IV et de la prière adressée par le fils au père de reprendre en main les rênes de l'État, ce que celui-ci avait fait, le Conseil donnait contre-ordre aux vice-rois et gouverneurs des colonies au sujet de la prestation de serment que lui-même avait précédemment ordonnée.

La lecture de ces documents et de ces dépêches provoqua tout d'abord dans le Conseil une explosion de colère contre Napoléon et des protestations de dévouement pour Ferdinand VII. Dans la longue discussion qui suivit, plusieurs membres proposèrent de prendre des mesures violentes contre l'envoyé français et de s'assurer de sa personne. Grâce à Liniers, dont la manière de voir finit par prévaloir, on s'arrêta à une résolution plus modérée. Sassenay fut rappelé, et le vice-roi lui déclara que la Colonie ne voulait absolument pas d'autre roi que Ferdinand VII, et qu'on allait le renvoyer immédiatement à Montevideo, où on lui ferait parvenir la réponse aux

dépêches de l'Empereur et où on procurerait, à lui et à l'équipage du *Consolateur,* les
moyens de regagner l'Europe. Liniers lui fit
en outre donner sa parole d'honneur de garder le secret le plus absolu au sujet des nouvelles qu'il avait apportées, en le menaçant,
s'il y manquait, de prendre contre lui des
mesures de rigueur. Après lui avoir donné
connaissance des décisions du Conseil, le vice-
roi le fit conduire dans une pièce de la résidence, où on le laissa seul livré à ses réflexions.

A l'heure du dîner, Liniers le fit pourtant
convier à prendre place à sa table. Il y trouva,
outre la famille du vice-roi, quelques invités,
probablement des membres de l'audiencia ou
du cabildo. Après le repas, on l'enferma de
nouveau. On lui avait annoncé qu'il reparti-
rait dans la soirée. Le temps étant devenu
très mauvais, son départ dut être remis au
lendemain, et il passa la nuit dans la forteresse.
Ce fut au cours de cette nuit, dans le moment
où il avait renoncé à tout espoir de s'entrete-

nir avec Liniers, qu'il le vit tout à coup entrer dans la chambre où on l'avait enfermé.

Je laisse ici la parole à l'envoyé français, dont je copie textuellement le rapport :

« Avant de m'embarquer, j'eus cependant
« l'occasion de voir en particulier M. de Li-
« niers. Il s'excusa, je crois sincèrement, sur
« la manière dont il m'avait reçu, me disant
« que sa position l'exigeait, qu'il n'avait point
« de troupes réglées, que son autorité ne con-
« sistait que dans l'opinion, et que tout l'atta-
« chement qu'on avait pour lui tomberait du
« moment qu'il s'écarterait de ce qui semblait
« le vœu général. Ce qui me convainquit
« encore plus de cette assertion fut la dépen-
« dance dans laquelle je vis qu'il était du
« cabildo ou corps municipal pour avoir de
« l'argent, pour payer ses troupes. Il m'as-
« sura qu'il ne demandait pas mieux que de
« voir changer un gouvernement qui n'avait
« pas été reconnaissant envers lui pour les
« services qu'il avait rendus, puisqu'on l'a-

« vait laissé vice-roi par intérim au lieu de lui
« en confirmer la propriété, mais qu'il fallait
« agir avec prudence et attendre que les cir-
« constances lui permissent de se prononcer,
« que jusque-là il temporiserait ; qu'il me pro-
« curerait les moyens de m'en retourner im-
« médiatement, afin de rendre compte de la
« situation et de faire en sorte qu'on lui en-
« voyât quelques secours d'hommes et d'ar-
« gent, et qu'alors il pourrait réussir dans ce
« qu'il désirait ; que son intérêt et la haute es-
« time qu'il avait de l'Empereur l'attachaient
« davantage à la nouvelle dynastie, avec
« laquelle son sort serait fixé, au lieu de l'état
« d'incertitude dans lequel il vivait. »

Le langage tenu par Liniers à l'envoyé
français semble, au premier abord, être en
contradiction avec le dévouement qu'il montra plus tard pour la cause de Ferdinand VII.
La contradiction n'est pourtant qu'apparente.

Profondément attaché à son pays d'adoption, alors qu'il n'avait ni ne pouvait avoir un

dévouement bien profond pour les descendants dégénérés de Philippe V, le libérateur de Buenos-Ayres était préoccupé, avant tout, de maintenir l'intégrité de la monarchie espagnole et d'empêcher les colonies de se séparer de la mère patrie, quel que fût d'ailleurs le souverain qui régnât à Madrid. C'est sous l'empire de cette idée dominante qu'il agit en août 1808, et que nous le verrons deux ans plus tard faire le sacrifice de sa fortune et de sa vie pour maintenir la colonie sous le sceptre de Ferdinand VII.

A l'heure où Sassenay apporta la nouvelle de l'abdication de Charles IV et de son fils, il crut fermement, comme la plupart de ses contemporains au début de la guerre de l'Indépendance, que Napoléon triompherait facilement des résistances de l'Espagne, et que son frère serait, à courte échéance, le maître incontesté de la péninsule Ibérique. Dès lors, il n'y avait, pour empêcher la scission qu'il redoutait, qu'à faire reconnaître par la Colo-

nie le roi qui allait occuper le trône de
Charles-Quint, et c'est ce qu'il se montra disposé à faire si on lui en fournissait les moyens,
et cela, d'autant plus volontiers, que ses sym-
pathies et son intérêt l'attiraient vers le frère
de l'Empereur.

Liniers et Sassenay passèrent à s'entretenir
ensemble toute la nuit du 13 au 14 août. Le
vice-roi ne savait que ce que contenaient les
dépêches. Il avait beaucoup à apprendre;
aussi interrogea-t-il longuement son ancien
ami sur les événements de Bayonne et d'Espagne. En le quittant pour ne plus le revoir,
il lui réitéra la promesse de lui fournir les
moyens de regagner promptement l'Europe, et
il lui annonça qu'il lui ferait parvenir avant
son départ de Buenos-Ayres, comme il le fit
en effet, une lettre pour son agent à Montevideo, don Manuel Ortega, qui lui remettrait
l'argent dont il aurait besoin, tant pour son
équipement que pour son voyage. Il ne s'en
tint pas là, et, sans se départir du rôle qu'il

s'était imposé, il écrivit à Elio, en lui recommandant de bien traiter l'*envoyé français* (il ne le désigna jamais par son nom), et de le faire partir le plus tôt possible pour l'Europe.

Le 14 au matin, Sassenay fut embarqué sur la *Belen*. Le gros temps durait toujours et rendait la traversée difficile. Le marquis passa la journée à bord de la canonnière, en compagnie de don Louis de Liniers et de ses officiers, et dîna avec eux. Pendant le repas, il fut rejoint par le capitaine Igarzabal, à qui le vice-roi avait donné ses instructions. Dans la soirée, on transborda l'envoyé et son gardien sur une autre canonnière, qui ne put pas partir non plus. Enfin, le 16, Sassenay ayant écrit au vice-roi pour lui demander de lui fournir un bâtiment plus capable de faire la traversée par une grosse mer, on le fit passer sur une felouque qui leva l'ancre à trois heures du soir et le débarqua à la Colonie le 17 au matin. Moins pressé au retour qu'à l'aller, il mit près de trois jours pour regagner Montevideo, où il n'arriva que le 19, à une heure de l'après-midi.

Quelques heures auparavant, une goélette venue en cinquante jours de Cadix avait jeté l'ancre dans le port. Elle amenait un délégué de la Junte centrale de Séville, le général don Manuel de Goyenèche, porteur de nouvelles qui allaient permettre à Elio de donner un libre cours à la haine qu'il nourrissait en secret contre les Français, contre Napoléon et contre Liniers.

Goyenèche venait annoncer aux autorités coloniales que la guerre était déclarée entre l'Espagne et la France, et que tous ceux de nos compatriotes qui se trouvaient soit en résidence, soit de passage dans les villes de la Péninsule, avaient été impitoyablement massacrés par les populations en délire. Il apportait l'ordre d'emprisonner tous les Français domiciliés dans l'Amérique espagnole.

Bien que ces nouvelles n'eussent pas tardé à se répandre dans Montevideo, et que les habitants surexcités eussent déjà commencé à insulter les Français qui s'y trouvaient, Sassenay ne les apprit que par Elio. Dès son arrivée, il s'était rendu chez le gouverneur : Celui-ci lui fit un accueil tel qu'il étonna Igarzabal, pourtant habitué aux façons de son chef. Le général espagnol déclara brutalement au marquis que lui, les officiers et l'équipage du *Consolateur* étaient ses prisonniers; puis il lui fit part de la déclaration de guerre et du massacre de ses compatriotes en Espagne, en ajoutant que tous ceux qui servaient le tyran méritaient le même sort. Il le remit ensuite à la garde d'un de ses officiers, en donnant l'ordre de le conduire dans une boulangerie située en dehors de la ville, où était déjà enfermé le commandant du *Consolateur*.

Cet officier était arrivé depuis peu d'heures à Montevideo. A Maldonado, il avait trouvé le meilleur accueil. Le commandant lui avait fourni des hommes pour concourir au sauvetage des armes que les Anglais n'avaient

9.

point pillées. Sur 600 fusils, 400 purent être retrouvés, à la grande satisfaction du chef espagnol qui se les était appropriés. Le 18, sur l'invitation du général Elio, qui leur avait envoyé un de ses aides de camp, les Français étaient partis pour Montevideo dans des charrettes fournies par le commandant. Ils n'y arrivèrent que le 20, mais Dauriac les y avaient précédés de vingt-quatre heures. On l'avait installé en dehors de la ville, au village de l'Aguada, où, à son grand étonnement, on le fit garder par douze soldats. Tout surpris de cet accueil si différent de celui qu'il avait reçu jusqu'alors, il se demandait ce qui avait pu provoquer un pareil changement, lorsque Sassenay arriva pour le lui expliquer et lui annoncer qu'il était, comme lui, prisonnier de guerre. Le marquis ne resta pas longtemps avec son compagnon d'infortune. Sur l'ordre du gouverneur, il fut, dans la journée même, conduit à la citadelle, enfermé dans un cachot, dépouillé de tous ses papiers et mis au secret.

Ainsi commença pour lui une longue et cruelle captivité. Elio tenait sa victime, et, ne pouvant atteindre Liniers, il allait assouvir sur elle tout ce qu'il avait au cœur de haine contre son glorieux et vaillant chef.

CHAPITRE VI

LES SUITES DE LA MISSION ET LA CHUTE DE LINIERS

(1808-1809)

Situation difficile créée au vice-roi par la mission de Sassenay. — Mécontentement à Buenos-Ayres. — Révolte de Montevideo. — Intrigues du parti espagnol. — Soulèvement du 1ᵉʳ janvier 1809. — Destitution de Liniers par la régence de Cadix. — Sa retraite et son abnégation.

Quelques précautions qu'eût prises le vice-roi pour cacher l'arrivée d'un envoyé de l'empereur des Français, la nouvelle s'en était pourtant répandue dans Buenos-Ayres. La population s'était si bien habituée, depuis la chute de Sobremonte, à intervenir dans tous les actes du gouvernement, qu'il était, sinon impossible, du moins fort difficile de ne pas lui faire une communication officielle au sujet de l'événement dont elle se préoccupait. Aussi Liniers, après en avoir longuement délibéré toute la journée du 14 avec les membres de l'audiencia, lança-t-il, d'accord avec eux, sous la date du 15 août, une proclamation qui, en fournissant des armes à ses ennemis pour le rendre suspect à la Junte centrale de Séville, fut cause de sa ruine. Cette proclamation n'est évidemment que la mise à exécution du système de temporisation et de ménagements qu'il avait exposé à Sassenay dans leur entretien secret. S'il ne la rédigea pas lui-même, comme on l'a prétendu, il en fut certainement l'inspirateur, et elle porte sa signature. Son authenticité, contestée par quelques auteurs, ne saurait plus être mise en doute, aujourd'hui que le général Mitre a retrouvé l'un des exemplaires imprimés répandus à l'époque dans le public.

Voici cette proclamation :

« TRÈS FIDÈLES HABITANTS DE BUENOS-AYRES,

« Depuis l'entrée du dernier vaisseau de « Cadix, annonçant les événements accomplis

« dans notre mère patrie, l'abdication de
« Charles IV, celle de son fils Ferdinand et la
« retraite de toute la famille royale en France,
« vous êtes, sans doute, impatients de fixer
« votre opinion sur un objet qui intéresse si
« vivement votre loyauté. Votre anxiété a dû
« redoubler encore en voyant arriver ici un
« agent français.

« D'après les dépêches qu'il a apportées,
« l'empereur des Français a reconnu l'indé-
« pendance de la monarchie espagnole et de
« ses possessions d'outre-mer, sans retenir ni
« demander la plus petite de ses provinces.
« Il maintient l'unité de notre religion, nos
« propriétés, nos lois et nos usages, qui garan-
« tissent notre future prospérité; et, quoique le
« sort de notre monarchie ne soit pas entière-
« ment décidé, les Cortès ont été assemblées
« à Bayonne le 15 juin dernier. Elles sont
« composées des députés des villes espagnoles
« et de citoyens de tout rang au nombre de
« cent cinquante. Sa Majesté Impériale et

« Royale, après avoir applaudi à vos efforts et
« à votre courage, vous exhorte à maintenir
« votre tranquillité, à conserver vos bonnes
« dispositions, et vous promet tous les secours
« dont vous pourrez avoir besoin. Je n'ai pas
« hésité à répondre à Sa Majesté Impériale
« que cette ville se distinguera toujours par
« son attachement à son légitime souverain,
« et qu'elle recevra avec satisfaction toute
« espèce de secours consistant en armes,
« munitions et troupes espagnoles.

« Dans des temps si malheureux, rien ne
« saurait contribuer davantage à notre sécu-
« rité qu'une réunion franche et pure de
« sentiments et d'opinions sur un point aussi
« intéressant que celui dont il s'agit. Imitons
« les exemples de nos ancêtres : ils évitèrent
« à ce pays les malheurs qui accablèrent l'Es-
« pagne dans la guerre de Succession, en
« obéissant au prince légitime qui fut placé
« sur le trône.

« Je communique mes intentions aux dif-

« férents chefs des provinces du continent,
« pour que leurs efforts et leur unanime con-
« cours assurent la prospérité de cette ville,
« qui, par son énergie et sa bonne conduite,
« est devenue le boulevard de l'Amérique
« méridionale. Je vous répète encore qu'il
« n'y a pas de salut à espérer pour vous sans
« une union entière, sans une confiance sans
« bornes dans vos autorités constituées. De
« leur côté, uniquement occupées du bien
« public, elles verraient avec peine, mais
« réprimeraient avec fermeté tout excès et
« toute disposition contraire (1). »

Cette proclamation fut mal accueillie à Buenos-Ayres. Elle y mécontenta tout le monde, aussi bien les créoles que les Espagnols. Les uns et les autres croyaient à la con-

(1) J'ai copié cette proclamation dans l'ouvrage de M. Jules Richard, p. 33. Les passages importants qu'en donne le général Mitre, p. 220, se retrouvent dans la traduction de M. Jules Richard, sauf un où Liniers se plaint des clameurs des oisifs qui, par de vaines conjectures, ont mis en doute son dévouement bien connu.

quête de la Péninsule par Napoléon et son-
geaient, sous couleur de fidélité à Ferdinand VII, à briser les liens qui unissaient la
Colonie à la mère patrie. Les premiers rêvaient
l'Amérique aux Américains ; les seconds, de
faire de cette même Amérique une autre
Espagne, où ils continueraient à être la classe
dirigeante. L'idée d'attendre l'issue de la lutte
engagée en Europe et de se soumettre au
vainqueur ne souriait ni aux uns, qui voulaient
être indépendants, ni aux autres, qui ne voulaient à aucun prix de Joseph pour roi. Toutefois, comme les créoles qui formaient la
majorité de la population de Buenos-Ayres
étaient sincèrement et passionnément attachés
au vice-roi, il n'en résulta pour le moment
que des clameurs. Elles l'avertirent qu'il avait
fait fausse route, et qu'il ne pouvait conserver
sa popularité qu'en prenant franchement le
parti du fils de Charles IV. C'est ce qu'il fit.
Son premier soin fut d'avancer au 21 la cérémonie de la prestation du serment à Ferdi-

nand VII, primitivement fixée au 31 août. Elle eut lieu sous la présidence du général de Goyenèche, arrivé tout exprès de Montevideo. Le lendemain, le cabildo publia, sous l'inspiration du fougueux alcade D. Martin Alzaga, qui était, comme je l'ai dit plus haut, le chef reconnu du parti espagnol, un manifeste d'où ressort clairement le but poursuivi par ce parti : « Laissez à l'Europe, y est-il dit, le soin « de recouvrer ses droits. Votre sort, à vous, « est décidé, et rien ne pourra changer vos « destinées. Vous n'obéirez jamais qu'au sou- « verain à qui vous avez prêté serment. Nous « n'aurons de relations qu'avec sa personne. » Au point de vue espagnol, Alzaga était dans le faux, et Liniers avait raison. Le mouvement séparatiste dont l'alcade prenait l'initiative devait fatalement tourner au profit des créoles.

Sous la pression de l'opinion publique très surexcitée, Liniers se crut malheureusement obligé de donner des gages de sa fidélité à Ferdinand VII. Il fit, ou laissa publier le 26 août, un pamphlet anonyme dans lequel l'Empereur fut fort maltraité. Il y était question de la mission de Sassenay, et il y était dit que Napoléon avait eu l'audace de demander au vice-roi de conserver la Colonie pour Joseph Bonaparte, en le menaçant, s'il n'obéissait pas, de l'en rendre responsable. Il ne s'en tint pas là, il lança le 9 septembre une nouvelle proclamation dans laquelle il traita l'Empereur de *monstre de vanité,* de *tyran ambitieux* et de *destructeur de l'humanité.* Ces expressions malheureuses, que l'on regrette de trouver sous la plume du vainqueur de Beresford et de Whitelocke, ne devaient ni désarmer ses ennemis, ni les empêcher de poursuivre sa ruine.

A Montevideo, la proclamation du 15 août fut le signal d'un révolution. Les Espagnols y étaient en majorité. Liniers leur était suspect à double titre, comme Français et comme chef du parti créole. On peut juger de l'effet que produisit sur eux la proclamation. Elle était accompagnée d'une circulaire confidentielle

adressée aux autorités subalternes et rédigée
en termes ambigus ; le nom de Ferdinand VII
n'y était pas prononcé non plus. Elio s'em-
pressa de la rendre publique, ainsi que sa
réponse, que voici : « Votre Excellence croit,
« disait-il, que pour prendre un parti il faut
« attendre l'issue des événements qui s'ac-
« complissent en Europe ; je suis d'un tout
« autre avis. Je n'ai jamais douté des géné-
« reux et fidèles Espagnols, je les connais.
« J'ai fait avec eux la guerre à la France. C'est
« pour cela que j'ai confiance en eux. Mais
« si, par malheur, l'Espagne ou quelqu'une
« de ses provinces était d'un avis opposé au
« mien, je déclarerais la guerre à l'Espagne
« elle-même, comme à toute province ou à
« tout individu qui n'engagerait pas une lutte
« à mort contre le monstre inique qui a violé
« toutes les lois humaines. Tels sont les sen-
« timents des habitants de Montevideo que je
« suis chargé d'exprimer à Votre Excellence. »
C'était une véritable déclaration de guerre.

Le vice-roi y répondit en appelant Elio à Buenos-Ayres pour rendre compte de sa conduite. Celui-ci refusa d'obéir. Un pareil acte d'insubordination aurait dû être immédiatement réprimé avec vigueur. Il est à croire que si Liniers s'était présenté en personne devant Montevideo avec les corps créoles sur lesquels il pouvait compter, les troupes que commandait Elio n'auraient pas osé lui résister. Malheureusement, à partir de cette époque jusqu'au moment où il remit le pouvoir aux mains de son successeur, Liniers, si vaillant devant l'ennemi,' perdit toute son énergie au milieu de ces discordes civiles. Au lieu d'agir par lui-même et de compter sur son prestige qui était toujours très grand, il se contenta de destituer Elio et de lui nommer un successeur. Ce successeur, le capitaine de frégate don Juan Angel Michelena, était un hâbleur plus fort en paroles qu'en actions. Il partit sans troupes, n'ayant pour réussir que des lettres adressées par Liniers aux chefs de corps. Il arriva le 20 septembre dans les environ de Montevideo. Au lieu d'entrer hardiment dans la place et d'y produire sa commission, il fit porter secrètement les lettres du vice-roi aux destinataires. Ceux-ci lui répondirent en s'excusant de ne pas pouvoir le reconnaître pour gouverneur. Sur le tard, il entra dans la ville et se rendit à la forteresse. Elio, prévenu de son arrivée, l'attendait de pied ferme. Dès les premiers mots, une violente discussion s'engagea entre ces deux hommes. Emporté par la colère, Michelena saisit un pistolet et ajusta Elio. Celui-ci bondit sur lui, lui arracha l'arme des mains et le cribla de coups de poing. Michelena riposta de son mieux; mais le combat ne tourna pas à son avantage, et il se vit obligé de quitter la forteresse, tout meurtri des horions qu'il avait reçus de son vigoureux adversaire.

Le bruit de cette scène ne tarda pas à se répandre dans la ville. Sur les dix heures du soir, une foule nombreuse envahit la cour de

la forteresse, en vociférant qu'elle ne voulait
pas d'autre chef qu'Elio. Le gouverneur sortit
de chez lui pour remercier les manifestants.
« J'ignore pourquoi ils m'appellent à la capi-
« tale, leur dit-il ; je déclare que si j'ai fait une
« faute, je veux qu'ils prennent ma tête ici,
« je me refuse à aller à Buenos-Ayres. » Ces
paroles furent couvertes d'applaudissements ;
les cris de : *Vive Elio ! Mort au traître ! mort à*
Michelena ! mort à ceux de Buenos-Ayres ! écla-
tèrent avec frénésie. La foule porta le gouverneur en triomphe tout autour de la cour. Il
finit pourtant par se débarrasser d'elle, en lui
promettant de convoquer une assemblée de
notables, et la décida à regagner la ville. Elle
partit précédée de la musique du régiment
de Rio de la Plata, et, toujours hurlant et
vociférant, alla devant la maison où Michelena était logé, pousser des cris de mort contre
lui. L'agent de Liniers prit peur. Pour se
débarrasser de lui, ses hôtes l'engagèrent à
fuir. Ils le menèrent secrètement au môle, où

il trouva une barque qui le conduisit au village de l'Aguada, d'où il regagna Buenos-Ayres comme mieux il put.

Le lendemain, Elio convoqua l'assemblée des notables. Celle-ci, imitant l'exemple des villes de la Péninsule, nomma une Junte uniquement composée d'Espagnols, dont le général eut la présidence. Pendant son court séjour à Montevideo, Goyenèche, emporté lui aussi par sa haine contre les envahisseurs de sa patrie, s'était laissé aller à dire au gouverneur qu'il y avait incompatibilité entre la nationalité de Liniers et les hautes fonctions dont il était revêtu. Ces paroles du délégué devinrent le mot d'ordre de la Junte, qui travailla sans relâche au renversement du vice-roi et se prépara à envoyer un agent en Espagne pour obtenir de la Junte de Séville la destitution de l'homme qu'elle haïssait. Pour forger les armes dont il avait besoin pour perdre Liniers auprès du gouvernement central, Elio fit commencer une instruction contre

Sassenay. Le pauvre homme, que son implacable geôlier avait soumis au régime le plus rigoureux, subit le 3 octobre un long interrogatoire. Les ennemis de Liniers n'en purent tirer aucune arme contre lui. Sassenay raconta qu'il avait été fort mal reçu par le vice-roi, et, tout en avouant qu'il l'avait revu un instant seul dans la soirée du 13, déclara qu'ils avaient uniquement causé ensemble de la délivrance de Buenos-Ayres. L'officier chargé de l'instruction, D. Diego Ponce de Léon, interrogea tour à tour Igarzabal, le compagnon de route de Sassenay, D. Manuel Ortega, le correspondant de Liniers, chargé de remettre à l'envoyé l'argent nécessaire à son voyage de retour, et bien d'autres encore. Mais de tous ces interrogatoires il ne ressortit rien qui pût fournir à Elio des armes nouvelles contre son rival détesté.

La révolte de Montevideo contre son autorité avait fort irrité Liniers. Au lieu de la réprimer par les armes, comme il aurait dû le

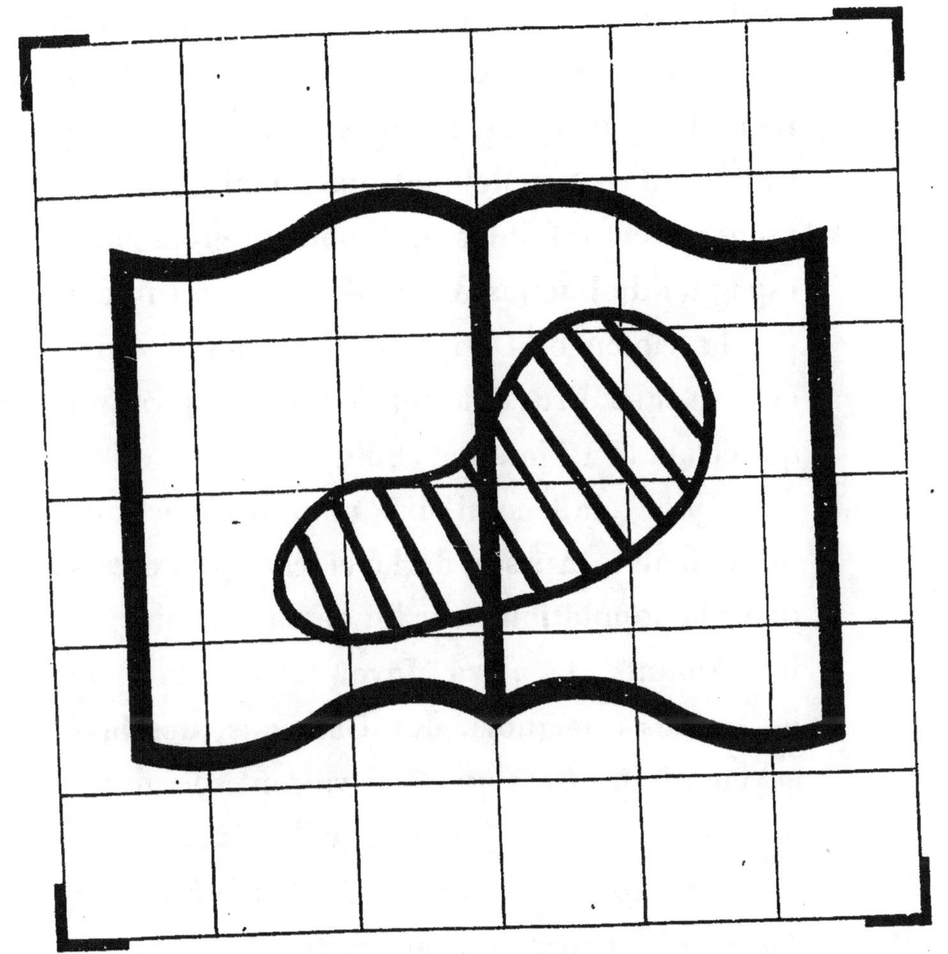

faire sans consulter personne, il soumit la question à l'audiencia. Cette assemblée de doctes légistes se refusa à sanctionner des mesures violentes et se mit à échanger des mémoires avec les rebelles. Ceux-ci ne se soumirent naturellement pas, mais, encouragés par cette faiblesse, ils poussèrent le parti espagnol de Buenos-Ayres à renverser Liniers par la violence. Don Martin Alzaga se mit, cela va sans dire, à la tête de la conspiration qui éclata le 1er janvier 1809.

Ce jour était celui fixé pour les élections municipales. Au son de la cloche qui convoquait la population pour lui en faire connaître les résultats, la plaza Mayor fut envahie par les tercios espagnols, des Galiciens, des Biscayens et des Catalans, qui vinrent se ranger en armes devant l'hôtel de ville, en criant : *Une Junte comme en Espagne! A bas le Français Liniers!* La chose était arrangée dès le matin. Le cabildo présidé par D. Martin Alzaga venait de rendre compte des élections au vice-roi. Au sortir de la forteresse, l'alcade et ses collègues joignirent leurs cris à ceux des manifestants et mirent aux voix la nomination d'une Junte et la destitution de Liniers. Ces deux motions furent naturellement votées d'enthousiasme.

Le vice-roi savait que le régiment des patricios était depuis six heures du matin réuni en armes dans ses quartiers. Ce régiment était commandé par un officier d'une grande énergie, D. Cornelio Saavedra, qui avait pris une part des plus brillantes à la défense de Buenos-Ayres en 1807. Liniers lui envoya l'ordre de venir occuper la forteresse. Saavedra accourut rapidement, pénétra à la sourdine dans la place par la poterne du rivage et vint ranger ses hommes sur les remparts.

Ce déploiement de forces et l'attitude résolue des patricios intimidèrent les rebelles. L'évêque Lué, qui était au nombre des conspirateurs, s'offrit à négocier la paix et se présenta à la forteresse. Un dialogue des plus vifs s'engagea entre lui et Saavedra en présence de Liniers. L'évêque demanda au commandant de se retirer pour éviter l'effusion du sang; celui-ci répliqua en réclamant l'évacuation de la place par les rebelles et en déclarant que le vice-roi ne serait pas déposé. Liniers, qui se voyait avec peine en butte à la haine du parti espagnol, finit par subir l'influence de l'évêque. Saavedra impatienté déclara qu'il se retirerait si le vice-roi le lui ordonnait, mais qu'il rentrerait dans ses quartiers en traversant la plaza Mayor, et qu'il resterait sous les armes tant que les corps espagnols ne se seraient pas retirés. Ainsi fut fait. Les patricios défilèrent en colonne sur la place et regagnèrent leur caserne, où ils furent bientôt rejoints par les bataillons des arribeños, des nègres et mulâtres, des Andalous, par l'artillerie et par des escadrons indigènes de hussards et de carabiniers. Ces troupes formaient une véritable armée, à laquelle les tercios espagnols n'étaient pas en état de résister.

Lorsque les patricios eurent évacué la forteresse, une députation du cabildo se rendit auprès de Liniers. La foule qui remplissait la place poussait toujours les mêmes cris. Elle demandait la nomination d'une Junte et la déposition de Liniers. Celui-ci consentit à la réunion d'une assemblée de notables, qui, sous la pression des menaces du dehors, l'engagea à l'unanimité à se démettre du pouvoir. Il y consentit, et l'on se mit à dresser l'acte qu'il devait signer.

Les conspirateurs espagnols avaient compté sans Saavedra. Informé de ce qui se passait à la forteresse, il en fit part aux troupes rangées sous ses ordres et les porta sur la plaza Mayor. La nouvelle de cette contremarche des forces indigènes parvint vite au palais. Liniers chargea aussitôt un de ses officiers de porter à Saavedra l'ordre de rétrograder. Cet officier était créole. Au lieu d'exécuter sa commission, il dit au commandant des patricios que le vice-roi était entouré d'hommes qui voulaient la destruction de son régiment, et que, comme fils du pays, il l'engageait à désobéir. Saavedra ne se le fit pas dire deux fois; il déboucha sur la place fusils chargés et mèches allumées, et rangea ses troupes devant la vieille arcade mauresque, en pointant ses huit pièces de canon contre le palais municipal. Après avoir pris ses dispositions et laissé le commandement au major don Juan-José Viamont, il pénétra inopinément à la tête de tous les chefs de corps dans la salle où l'on délibérait. Son entrée jeta le désarroi parmi les conspirateurs. L'évêque fut le premier à recouvrer la parole, et s'approchant de Saavedra, il lui dit : « Grâce à Dieu, tout est fini. Son Excellence « aime beaucoup le peuple et ne veut pas « qu'à cause d'elle on verse du sang. Elle « s'est décidée à donner sa démission. — Et « qui est-ce qui a autorisé Son Excellence à « renoncer à un mandat qu'elle détient légi- « timement ? — Commandant, murmura

« l'évêque d'un ton suppliant, vous n'allez
« pas faire répandre du sang ! — Ni moi ni
« mes compagnons ne sommes cause de cette
« révolution, reprit le commandant des pa-
« tricios. J'ai dit et je répète : Aucune raison
« ne peut autoriser une pareille violence.
« — Mais c'est le peuple qui l'exige ! s'écria
« l'évêque. — Allons donc ! riposta Saa-
« vedra, c'est faux, absolument faux. Que
« M. de Liniers vienne avec nous, qu'il se
« présente au peuple ; et si celui-ci dit qu'il
« ne veut pas qu'il conserve son mandat,
« moi et mes compagnons, nous nous reti-
« rerons. » Et prenant résolument le vice-
roi par le bras, il l'entraina en lui disant :
« Votre Excellence va entendre de la bouche
« du peuple quelle est sa volonté. » La nuit
approchait au moment où Liniers, entouré
de tous les chefs indigènes, franchit le pont-
levis de la forteresse. En l'apercevant, les
soldats créoles et la population indigène qui
s'était jointe à eux firent retentir l'air de

leurs acclamations en criant : *Vive Santiago Liniers! Nous ne voulons que lui pour chef.* L'enthousiasme était tel qu'on vit des nègres ôter leur chemise et la jeter sous les pieds du libérateur. Pendant ce temps, les Espagnols restés dans la forteresse étaient littéralement terrifiés. Un des chefs créoles arracha des mains du greffier du cabildo l'acte qu'on avait voulu imposer à Liniers, et le déchira en mille morceaux.

Les bataillons espagnols étaient toujours, à l'ouest de la place, rangés devant le cabildo. Le vice-roi leur envoya l'ordre de déposer les armes. Pour appuyer cet ordre, les patricios firent mine de charger. Ce fut le signal de la débandade. Galiciens, Biscayens, Catalans s'enfuirent à toutes jambes, en jonchant le sol de leurs armes pour courir plus vite. Les hussards dispersèrent les quelques groupes qui ne s'étaient point dissipés, et l'ordre fut rétabli.

Ainsi finit cette tentative insurrectionnelle,

qui raffermit pour quelques mois le pouvoir de Liniers, en assurant la prépondérance du parti créole. Les corps espagnols furent dissous et désarmés, et les chefs de la conspiration poursuivis en justice. Don Martin Alzaga et quatre autres des plus compromis furent envoyés sur la côte de Patagonie.

Malheureusement pour l'Espagne, les intrigues du parti vaincu le 1ᵉʳ janvier à Buenos-Ayres, mais toujours tout-puissant à Montevideo, finirent par être couronnées de succès. Les agents que ce parti avait envoyés dans la Péninsule obtinrent de la Junte de Séville la révocation de Liniers. Elle ne prit pas toutefois cette grave résolution sans hésitation, non qu'elle en prévit les désastreuses conséquences, mais dans la crainte que le vainqueur de Beresford ne profitât de sa popularité pour se mettre à la tête du parti créole et lever l'étendard de la révolte. Elle s'efforça donc d'adoucir par des faveurs honorifiques l'amertume de la mesure qu'elle prenait

contre lui. La lettre lui annonçant sa destitution l'informa qu'en récompense de ses
services il était créé comte de Buenos-Ayres,
et que ce titre de Castille lui était conféré
exempt de tous droits pour lui, son fils et ses
successeurs, avec une rente de 25,000 francs
à toucher sur les revenus de la vice-royauté.

Pour remplacer Liniers, la Junte avait fait
choix de don Balthasar de Cisneros, lieutenant général de la marine. Elle nomma, en
même temps, Elio inspecteur des armées de
la vice-royauté, et le maréchal de camp Nieto
gouverneur de Montevideo. C'était, en remettant le pouvoir aux mains du parti espagnol,
irriter profondément l'élément créole.

Cisneros débarqua à Montevideo en juin
1809. Il avait ordre de dissoudre la Junte de
cette ville en la comblant d'éloges et d'honneurs, de mettre en liberté les conspirateurs
du 1er janvier, et finalement de renvoyer
Liniers en Espagne.

Le nouveau vice-roi agit en homme convaincu qu'il ne pourrait prendre possession de son poste que par la force des armes. Après avoir fait sonder par des émissaires les chefs des régiments indigènes, il se porta à la Colonie avec un petit corps de troupes, fort inquiet de l'accueil qu'allaient lui faire, et son prédécesseur, et la population de Buenos-Ayres.

L'heure où Jacques de Liniers apprit l'arrivée de Cisneros à la Colonie fut l'heure décisive de sa vie. Jamais homme n'eut une occasion plus favorable de satisfaire son ambition et de se venger de l'injustice d'un gouvernement qui avait méconnu ses services. Rien ne lui eût été plus facile que de lever, à ce moment, l'étendard de la révolte. Les principaux patriotes et les chefs des régiments indigènes qui s'étaient compromis pour lui le 1er janvier, et qui voyaient avec terreur le retour de la prépondérance du parti espagnol, le suppliaient de résister aux ordres de la Junte de Séville et d'en appeler aux armes. La population et les soldats créoles ne demandaient qu'à le suivre dans cette voie. Avec les forces écrasantes sur lesquelles il pouvait compter, il était sûr de la victoire. La tentation dut être forte ; pourtant Liniers n'y succomba pas. Profondément attaché à l'Espagne, il lui sacrifia son ressentiment et se refusa à travailler à son démembrement. Au rôle brillant de fondateur d'une République qui lui eût valu sans nul doute une célébrité égale à celle qui entoura plus tard le nom de Bolivar, il préféra le rôle modeste et ingrat de victime résignée, et il se soumit avec une rare abnégation à la mesure aussi injuste qu'impolitique qui, en lui enlevant le gouvernement de la Colonie deux fois sauvée par lui, récompensait si mal ses glorieux et éclatants services.

Cisneros ne se hâta pas de traverser l'estuaire. Il sentait le terrain mal affermi sous ses pas tant que son adversaire ne lui aurait pas remis le pouvoir. Il lui demanda donc de venir le trouver à la Colonie. Liniers y consentit. Lorsque la nouvelle de son prochain départ se répandit dans Buenos-Ayres, la population accourut à la forteresse pour s'y opposer. La parole chaude et vibrante du libérateur calma toute cette effervescence, et la foule se dispersa en criant : *Vive le vice-roi Liniers!*

Pour échapper à de nouvelles manifestations, Liniers s'embarqua pour la Colonie le 26 juin à quatre heures du matin avec une suite peu nombreuse. La traversée s'effectua rapidement, et à neuf heures il frappait à la porte de la maison où logeait Cisneros. Lorsqu'on annonça à celui-ci l'arrivée de son prédécesseur, son premier mouvement fut de demander s'il était seul. « Oui, seul », lui fut-il répondu. A ces mots, il respira plus librement. Les deux vice-rois s'embrassèrent cordialement et eurent ensemble un long entretien qui dissipa en partie au moins les défiances de Cisneros. Liniers repartit pour Buenos-

Ayres; mais comme, malgré sa démarche si loyale, le nouveau vice-roi hésitait encore à se transporter dans la capitale, il se démit du commandement militaire et le transmit au maréchal de camp don Vincent Nieto.

Le 30 juin, Cisneros fit enfin son entrée à Buenos-Ayres, au milieu des acclamations de la population européenne, qui saluait en lui le rétablissement de la prépondérance espagnole.

Le nouveau vice-roi ne tarda pas à reconnaître que les ordres qu'il avait reçus de la Junte de Séville n'étaient pas faciles à exécuter. S'il put mettre en liberté les fauteurs de l'émeute du 1er janvier 1809 et reconstituer les corps européens, il dut renoncer à désarmer et à dissoudre les corps indigènes. Les créoles, se sentant les plus forts, se refusèrent énergiquement à déposer les armes. Il dut également renoncer à faire partir pour l'Espagne Liniers, désireux de rester dans le pays. La popularité du libérateur de Buenos-

Ayres était telle que toute violence exercée contre lui eût été le signal d'une révolution. Le nouveau vice-roi autorisa donc son prédécesseur à se retirer à Cordoba, comme il le désirait. Celui-ci quitta Buenos-Ayres en août, après avoir adressé aux représentants de Ferdinand VII en Espagne un long mémoire qui trahit toute l'amertume de ses sentiments.

La chute de Liniers, prélude de l'établissement du régime républicain dans l'Argentine, fut, on ne saurait se le dissimuler, l'œuvre de Napoléon. Comme le dit, dans un langage imagé, l'un des auteurs qui ont le mieux approfondi l'histoire de cette période troublée, le rayon diplomatique dirigé par le conquérant sur les provinces du Rio de la Plata foudroya le héros dont il voulait faire l'instrument de ses ambitieux desseins. Le coup fut mortel, Liniers ne s'en releva pas. Malgré le prestige dont l'entouraient ses victoires, l'Espagne ombrageuse et défiante ne lui pardonna pas de s'être laissé soupçonner d'infidélité à la cause de Ferdinand VII, et le sacrifia impitoyablement, et, ajoutons-le, impolitiquement, aux rancunes du parti qui avait succombé à Buenos-Ayres le 1er janvier 1809.

CHAPITRE VII

LA CAPTIVITÉ DE SASSENAY (1)

(1808-1810)

Captivité à Montevideo. — Cruauté du général Elio. — Première évasion. — Seconde captivité plus cruelle. — Transfert à Cadix. — Terribles souffrances sur les pontons. — Révolte et évasion des prisonniers du ponton *la Vieille-Castille*. — Sassenay rentre en France.

Le général Elio avait, je l'ai déjà dit, plus d'un trait de ressemblance avec ces sombres

(1) Julien MELLET, déjà cité, p. 12 et p. 22. — *Gazette officielle* ou le *Moniteur universel*, n° du 21 juin 1810. — Rapport du général baron Semellé sur l'événement arrivé dans la baie de Cadix dans la nuit du 15 au 16 mai 1810. — Lorédan LARCHEY, *Les suites d'une capitulation; Récits des captifs de Baylen*, p. 157 à 174. — Archives du *Foreign Office*. Lettre de M. William Hamilton à M. Wellesley, ambassadeur de Sa Majesté Britannique auprès de la régence de Cadix, du 28 mai 1810.

Archives des affaires étrangères :
Espagne. — Tome DCLXXXI, f° 119, 5 février. Décret

capitaines qui furent, dans les Pays-Bas, les aveugles exécuteurs des volontés de Philippe II. C'était incontestablement un brave soldat qui n'était pas dépourvu de sentiments généreux, mais c'était aussi un fanatique. Il éprouvait pour tous ceux qui servaient Napoléon une haine farouche, aussi violente que celle qu'avaient nourrie contre les hérétiques les compagnons du duc d'Albe. Pour ceux-là, il était sans pitié. Aussi se montra-t-il pour Sassenay un inflexible geôlier. Il le traita avec la dernière rigueur, non en prisonnier de

accordant à Sassenay un traitement de 6,000 francs à partir du 1er mai 1808. — Tome DCLXXXI, f° 128. Lettre du ministre des affaires étrangères à Mme de Sassenay lui remettant 20,000 francs sur les fonds de son ministère, 8 février 1810. — Tome DCLXXXII, f° 213. Rapport de Sassenay, 23 mai 1810. — Tome DCLXXXII, f° 349. Lettre du ministre à M. de Moustier au sujet de Mme de Sassenay, 27 juin 1810. — Tome DCLXXXIII. Lettre du ministre à Sassenay, 3 juillet 1810.

Angleterre. — Tome DCIV, f° 121. Lettre de M. de Moustier au ministre au sujet de Mme de Sassenay, 5 juillet 1810.

Archives de la marine :

Rapport du lieutenant de vaisseau Dauriac, déjà cité.

guerre, mais en criminel. Au lieu de l'envoyer dans l'intérieur des terres avec les officiers et l'équipage du *Consolateur*, il l'enferma dans un cachot de la citadelle de Montevideo et l'y abreuva de mauvais traitements. Il l'y tint au secret, le fit même garder à vue et le soumit au régime des malfaiteurs de bas étage. Ce qu'était ce régime dans les prisons espagnoles au commencement du siècle, on peut se l'imaginer. Le malheureux envoyé fut presque constamment réduit, pour toute nourriture, dans un pays où la viande était à vil prix, à du pain et à des oignons crus.

Autant le gouverneur fut dur et cruel envers Sassenay, autant il se montra humain envers une quarantaine de négociants français, domiciliés ou de passage à Montevideo, qu'il avait dû jeter en prison le 19 septembre 1808 pour les arracher à la fureur populaire. Julien Mellet, qui avait été le compagnon de voyage du marquis sur le *Consolateur*, et qui fut du nombre de ces prisonniers, se loue sans réserve des bons traitements d'Elio, qui fournit, à lui et à ses compagnons, des secours de tout genre, et qui ne les laissa jamais manquer des objets nécessaires à la vie. Mellet obtint même la permission de sortir trois fois par semaine, suivi d'un gardien, et de se promener dans Montevideo. Après cinq mois de captivité, il profita de la liberté qu'on lui accordait pour déserter la citadelle et se rendre à Buenos-Ayres.

Avant de s'enfuir, il avait réussi à se faire donner par Sassenay une lettre de recommandation pour Liniers. Le vice-roi l'accueillit avec une rare bonté et fut très heureux d'avoir des nouvelles de son malheureux ami, dont il ne savait plus rien depuis la révolte d'Elio. Après avoir témoigné à Mellet combien il chérissait sa mère patrie, quoique gouverneur dans un pays étranger, il lui fit cadeau de 3,200 francs, avec lesquels celui-ci put entreprendre un petit commerce.

Sassenay passa dix longs mois dans son

cachot, sans autre consolation que de contempler le portrait de sa femme, que ses geôliers lui avaient laissé. Au bout de ce temps, il réussit à se sauver; mais il fut poursuivi, repris et mis aux fers. Liniers n'étant plus en fonction à ce moment-là, les rapports de subordination s'étaient rétablis entre le nouveau vice-roi et le gouverneur de Montevideo. Celui-ci envoya son prisonnier à Buenos-Ayres, où il fut, à cause de son évasion, traduit devant un conseil de guerre. Peu s'en fallut qu'il ne fût condamné à mort. S'il ne le fut pas, il le dut à Liniers, qui n'était pas encore parti pour Cordoba, et dont l'influence, encore prépondérante, s'exerça heureusement en sa faveur. Le conseil de guerre décida qu'il serait ramené dans son cachot, et qu'il y serait maintenu aux fers. Aucun croiseur ennemi n'entravant plus les communications entre les deux rives du Rio de la Plata, le prisonnier fut renvoyé par eau. Un incident qui faillit être tragique se produisit pendant cette traversée. Sassenay avait été enchaîné à fond de cale à côté de la cage d'un tigre. L'espace était si resserré qu'il était en quelque sorte emboîté entre cette cage et la muraille du navire. Soit que les barreaux ne fussent pas assez rapprochés, soit qu'un d'eux eût cédé, le fauve put sortir ses griffes et saisir les vêtements du marquis, qui, ne pouvant se reculer, se trouva dans une position terrible. Ses cris finirent cependant par attirer ses gardiens, qui le délivrèrent.

Si la première partie de sa captivité avait été cruelle, la seconde le fut bien davantage. Pendant son séjour à Buenos-Ayres, Sassenay était parvenu à se procurer de l'argent en tirant, par l'entremise d'un de ses anciens correspondants, 400 dollars sur les États-Unis. Il comptait sur cette ressource pour adoucir ses gardiens et rendre supportable le régime de la prison. L'implacable Elio y mit bon ordre. A son retour à Montevideo, il le fit fouiller et dépouiller de son argent. Pendant cinq longs mois, le malheureux envoyé végéta dans son cachot, toujours condamné à une nourriture exécrable et paralysé dans ses mouvements par une barre de fer attachée à deux anneaux qu'on avait rivés à ses chevilles. Il accueillit donc avec une véritable satisfaction la nouvelle qu'il allait être transporté sur les pontons de Cadix.

L'état-major et l'équipage du *Consolateur* avaient été, l'année précédente, internés d'abord à vingt, puis à cent lieues dans l'intérieur des terres. A la fin de 1809, on les ramena à Montevideo pour les envoyer en Europe. Un premier départ eut lieu le 6 décembre par le sloop de guerre anglais *Mercury*, sur lequel furent embarqués Sassenay et l'enseigne Dolhabaratz. Le lieutenant Dauriac et son second officier, l'enseigne Castagnier, ne partirent que le 18 janvier.

Le *Mercury* arriva à Cadix à la fin de février 1810. Le marquis et son compagnon furent enfermés sur le ponton *la Vieille-Castille,* où se trouvaient un grand nombre d'officiers et de soldats réduits en captivité par les Espagnols, en violation de la capitulation de Baylen. Bien que sur ce ponton l'envoyé de Napoléon ne fût plus traité comme il l'avait été par le gouverneur de Montevideo, et qu'il fût assimilé aux officiers, de nouvelles épreuves l'y attendaient.

Au moment où Sassenay débarqua à Cadix, le maréchal Victor venait d'en entreprendre le siège. La ville est située à l'extrémité septentrionale d'une langue de terre très étroite à sa base et plus large à son sommet, qui, partant au sud de l'île de Léon (1), court parallèlement au continent, dont elle est séparée par une vaste baie qui abritait, à l'époque qui nous occupe, une flotte de vaisseaux de guerre anglais et espagnols. Inattaquable par

_____

(1) On peut considérer l'île de Léon comme faisant partie du continent, car elle n'en est séparée que par des canaux emplis et désemplis par la marée. Des ponts nombreux la relient à la terre ferme.

la langue de terre dont je viens de parler, la place ne pouvait être réduite qu'en s'emparant de la presqu'île du Trocadéro, située du côté opposé de la baie, d'où elle pouvait être bombardée. Le maréchal Victor avait commencé les opérations du siège contre les forts de la presqu'île.

L'attaque des Français avait exaspéré les Espagnols et relevé le courage des prisonniers. Les évasions devinrent plus fréquentes et mirent le comble à la fureur des geôliers, qui allèrent jusqu'à décréter la peine des verges contre les soldats et même, en cas de récidive, contre les officiers qui tenteraient de s'enfuir. Ces menaces ne firent qu'irriter les prisonniers. Le 25 février, un certain nombre d'entre eux parvinrent, malgré la longueur du trajet et l'état de la mer, à gagner à la nage le rivage où campait l'armée assiégeante.

Le 7 mars, il s'éleva une tempête furieuse. Vingt bâtiments marchands, trois vaisseaux de guerre espagnols, un vaisseau portugais et un brick anglais se jetèrent à la côte occupée par les Français. Cette tempête fut pour les prisonniers la cause d'horribles souffrances, qui en firent périr de 11 à 1,200. Pendant cinq longs jours, les Espagnols les abandonnèrent aux horreurs de la faim et de la soif. Un bien plus grand nombre aurait péri sans le courage d'un matelot nègre qui, pour sauver ses camarades, osa braver la tempête et parvint, après les plus grands efforts, à gagner à la nage le vaisseau de l'amiral anglais. Celui-ci, dès qu'il connut l'horrible situation des prisonniers, donna l'ordre à tous les commandants des vaisseaux de sa flotte d'envoyer des vivres à bord de chaque ponton. L'ordre fut exécuté sans retard; mais l'avidité avec laquelle la plupart des prisonniers se jetèrent sur les vivres fournis par les Anglais, provoqua des maladies cruelles. Le septième jour, les Espagnols apportèrent enfin des provisions. Le pain était dur, moisi et de mauvaise qualité. A l'observation que leur en fit un officier, ils répondirent que c'était assez bon pour les *chiens de Français*.

Les prisonniers étaient à peine remis de cette terrible épreuve que le commandant des pontons leur donna connaissance d'une ordonnance du gouverneur de Cadix, en date du 10 mars. Cette ordonnance informait les captifs que chaque fois qu'une évasion se produirait sur un ponton, deux prisonniers de ce ponton seraient irrémissiblement pendus, en outre du fugitif, s'il était repris.

Les officiers protestèrent énergiquement contre un pareil décret, contraire à toutes les lois de la guerre; mais il ne fut tenu aucun compte de leur protestation, et la terrible menace resta suspendue sur leurs têtes.

Peu de jours après la tempête, Sassenay parvint à donner de ses nouvelles à sa famille. Il écrivit le 15 mars à son beau-frère, Pierre de Bauduy, à Wilmington, une lettre qui parvint à son adresse, sans doute par quelque navire de commerce américain en relâche à Cadix.

Malgré toutes les démarches qu'elle avait faites auprès des ministres de l'Empereur, Mme de Sassenay n'avait plus aucune nouvelle de son mari depuis son départ de Bayonne. Elle savait seulement qu'il avait été jeté en prison et qu'on le croyait encore vivant. En janvier 1810, elle se décida à partir à sa recherche. L'entreprise n'était pas facile à cette époque, mais la marquise était, je l'ai dit, une de ces femmes énergiques qui ne reculent devant aucun obstacle. Il fallait, avant tout, s'assurer l'appui du gouvernement. Grâce à Joséphine, qui, bien que divorcée et retirée à la Malmaison, avait encore de l'influence, elle obtint, à la fin de janvier ou dans les tout premiers jours de février 1810, une audience de l'Empereur. Celui-ci n'aimait pas les agents malheureux; Sassenay était de ce nombre. Il reçut la marquise fort mal, presque brutalement. La fière créole ne se laissa pas intimider et tint tête à son impérial interlocuteur. Après lui avoir rappelé qu'il était la cause des malheurs de son mari, à qui il avait, sans le consulter, imposé une périlleuse mission, elle lui dit hardiment qu'elle avait le droit de réclamer son appui pour le retrouver, et qu'elle ne lui demandait que la permission de passer en Angleterre. Elle plaida si habilement et si éloquemment sa cause, qu'elle finit par la gagner. Non seulement Napoléon lui donna l'autorisation qu'elle demandait, mais il lui fit remettre, par le ministre des affaires étrangères, une somme de 20,000 fr. pour son voyage, et il accorda à Sassenay, comme chargé de mission, un traitement de 6,000 francs à partir du 1er mai 1808.

Après avoir confié son fils âgé de cinq ans à l'une de ses parentes et mis sa fille en pension à Écouen, la marquise alla s'embarquer à Nantes. Quoique en guerre, les gouvernements français et anglais accordaient, dans certaines circonstances, des laissez-passer qui étaient respectés. Ce fut avec un de ces laissez-passer que Mme de Sassenay prit la mer sur un bateau pêcheur. La traversée fut abominable et dura vingt-sept jours. La malheureuse femme fut, pendant tout ce temps, en proie au mal de mer et débarqua épuisée à Plymouth, d'où elle se rendit à Londres.

Aussitôt arrivée dans cette capitale, elle se mit à l'œuvre. Elle connaissait les noms de tous ceux avec qui son mari s'était lié, soit dans le corps de Condé, soit dans l'armée anglaise. Elle fit appel à leurs sentiments d'amitié et sollicita leur appui. Son premier projet avait été de partir pour Buenos-Ayres, pour y obtenir, avec l'aide du gouvernement britannique, la liberté de son mari. Elle dut y renoncer en apprenant, dès son arrivée à Londres, que des navires anglais avaient été envoyés au Rio de la Plata pour ramener à Cadix les prisonniers français qui s'y trouvaient. A force de démarches, ou tout simplement peut-être par une lettre de son beau-frère, elle finit par savoir que Sassenay était à Cadix depuis la fin de février. Elle travailla

alors à obtenir son échange. S'il eût été sur
les pontons anglais, la chose n'eût point été
difficile; mais il était prisonnier des Espagnols. Les ministres de George III se montraient peu disposés à se mêler de l'affaire. La
marquise dut faire agir tous ses protecteurs.
Les émigrés intervinrent activement, et, pour
excuser Sassenay aux yeux du gouvernement
anglais d'avoir servi Napoléon, allèrent jusqu'à dire, comme le raconte le *Times* du
24 août 1810, qu'il avait été amené entre
deux gendarmes de Chalon à Bayonne, pour
y être embarqué. Mais les plus utiles auxiliaires de la marquise furent quelques grandes
dames anglaises avec lesquelles elle s'était
liée, et qui lui prêtèrent le secours de leur
influence. Le succès finit par couronner ses
persévérants efforts. Le 28 mai 1810, le
secrétaire d'État au *Foreign Office* adressa à
l'ambassadeur anglais auprès de la régence
d'Espagne une dépêche par laquelle il le
chargeait d'obtenir la mise en liberté de Sas-

senay et son renvoi en Angleterre. Lorsque cette dépêche arriva à Cadix, le marquis n'était plus entre les mains des Espagnols. Pour expliquer ce qui s'était passé, il me faut revenir en arrière et reprendre le récit de la captivité au point où je l'ai laissé.

De la tempête du mois de mars au commencement de mai, l'existence des prisonniers du ponton *la Vieille-Castille* continua à être aussi rude qu'elle l'avait été jusque-là. Les Espagnols, très irrités par le progrès des Français, se montraient chaque jour plus durs et plus inhumains. Le 22 avril, le fort de Matagorda, sur la presqu'île du Trocadéro, fut emporté par les troupes du maréchal Victor. De ce fort on pouvait, comme je l'ai dit, bombarder Cadix, et l'on était maître des communications de cette ville avec l'île de Léon, d'où elle tirait l'eau potable. Les prisonniers, tout en se réjouissant de la victoire de leurs compatriotes, éprouvèrent les plus vives inquiétudes, car ils se virent menacés de mourir de soif si les Français empêchaient les barques qui les approvisionnaient d'aller chercher de l'eau au sud de la baie. Ils avaient également à craindre qu'en cas de bombardement les navires de guerre espagnols ne vinssent se ranger autour d'eux pour attirer sur eux le feu des Français. Ces craintes continuelles finirent par porter au comble l'exaspération des prisonniers de la *Vieille-Castille*. Un petit nombre d'entre eux, plus téméraires que les autres, formèrent l'audacieux projet d'enlever le ponton et de le faire échouer sur la côte occupée par les Français.

C'était presque un acte de folie. La *Vieille-Castille* était mouillée entre plusieurs vaisseaux espagnols et anglais, dont quelques-uns se trouvaient à l'ancre entre elle et le rivage du Trocadéro. En se laissant aller à la dérive, elle risquait d'aborder un de ces vaisseaux ou d'être coulée par son artillerie en passant auprès de lui. Mais rien ne put arrêter les promoteurs du complot, qui ne mirent qu'un petit nombre de leurs compagnons dans le secret. Le lieutenant Dauriac, qui était depuis le 2 mai sur le ponton et qui, en sa qualité de marin, devait être un des directeurs de l'opération, prévint Sassenay. Celui-ci accueillit la communication sans enthousiasme. Les dangers à courir étaient certains, le succès de l'entreprise fort douteux. Pour un homme qui savait que sa femme était sur le point d'obtenir sa mise en liberté, c'était dur de se voir lancé dans une pareille aventure où il n'avait rien à gagner et où il risquait d'être coulé, noyé ou pendu. Mais que pouvait-il faire? En homme habitué aux épreuves, il se résigna à son sort avec la tranquille énergie qui faisait le fond de son caractère, et il attendit l'événement.

L'attente ne fut pas de longue durée. Le 15 mai, différentes circonstances favorables décidèrent les conspirateurs à mettre ce jour-là même leur projet à exécution. Un vent violent du sud-ouest qui soufflait depuis plusieurs jours avait obligé les escadres anglaise et espagnole à se rapprocher de Cadix, en remettant la surveillance des pontons à quelques chaloupes canonnières. L'éloignement des vaisseaux de haut bord laissait la route libre et devait permettre à la *Vieille-Castille* de profiter du vent et de la marée qui poussaient vers la rive française.

L'après-midi fut employé à faire quelques préparatifs, autant cependant que la prudence le permettait pour ne pas être découvert par les gardiens. A huit heures du soir, le vent se maintenait toujours au sud-ouest, mais il avait beaucoup molli. Malgré cette circonstance défavorable, le signal fut donné par les chefs, et l'on se mit à couper les câbles. La nouvelle, bientôt connue, jeta la confusion parmi les prisonniers. Si les uns, emportés par leur courage, n'entrevirent qu'avec joie une glorieuse délivrance, les autres, mesurant l'étendue des dangers à courir, en furent effrayés. Mais le sort en était jeté : chacun, n'ayant plus d'alter-

native qu'une mort ignominieuse ou la liberté,
mit la main à l'œuvre. En un clin d'œil les
soldats qui formaient la garnison furent enveloppés, désarmés, jetés à fond de cale. Deux
sentinelles en faction sur le pont, habilement
entourées, subirent le même sort, sans avoir eu
le temps de donner l'éveil en faisant usage de
leurs armes. Pendant qu'on finissait de couper
les câbles, on démarra le gouvernail, on
ferma les sabords pour éviter l'abordage, et
l'on monta sur le pont non seulement les
quinze fusils des gardiens et leurs munitions,
mais tous les boulets et toutes les pièces de
fonte qui formaient le lest, dont on comptait
faire des projectiles. Ces préparatifs achevés,
le ponton se mit en route, et, sous l'impulsion du vent qui avait repris, il ne tarda pas à
laisser en arrière la gabare et la canònnière
de garde. Si ces deux navires lui avaient
donné la chasse, il est certain qu'il n'eût pu
échapper. Ils ne bougèrent heureusement pas.
Seul, un vaisseau anglais détacha trois cha-

loupes qui poursuivirent le ponton. L'une d'elles s'approcha en tirant des coups de fusil. L'officier qui la commandait criait de toutes ses forces : « Messieurs les Français, rendez-vous, on ne vous fera aucun mal. » Mais les Français n'avaient nulle envie de se rendre. Lorsque la chaloupe fut le long du bord, on l'accabla de projectiles. Le ponton, qui n'avait plus de lest, émergeait de plus de 25 pieds au-dessus de l'eau. Des pièces de fonte de 50 livres tombant de cette hauteur devenaient des engins meurtriers. Il y eut bon nombre de têtes, de jambes et de bras cassés à bord de la chaloupe, qui prit le large, abandonnant la partie. Malheureusement, la fusillade avait tué du monde sur le ponton. Au nombre des victimes était le lieutenant de vaisseau Moreau, qui avait pris le commandement des manœuvres. Dauriac le remplaça sur le banc de quart.

A peine ce premier danger fut-il conjuré qu'on se trouva en présence d'un autre plus

grand. Le vent mollit, laissant le ponton à la
merci du courant qui le ramenait vers le fort
de Puntalès sur la rive espagnole. Pour parer
à ce nouveau péril, les officiers de marine
firent fabriquer avec des hamacs et des cou-
vertures une voile qui permit de profiter du
plus léger souffle de vent. Mais la brise déjà
si faible ne se maintint pas. A différentes
reprises elle tomba complètement, pour reprendre ensuite avec plus ou moins de force.
Pendant deux longues heures, les fugitifs passèrent tour à tour de l'espérance à la crainte
et de la crainte à l'espérance. Le ponton flottait inerte sur une mer démontée, tantôt
poussé par le vent vers le continent où était
le salut, tantôt ramené par le courant vers la
presqu'île où la prison et la mort attendaient
ceux qui le montaient. Que d'émotions pour
ces pauvres gens! Enfin, sur les onze heures
du soir, une reprise de vent jeta la *Vieille-Castille* vers la rive occupée par l'armée française,
où elle échoua à 800 mètres de terre, non

loin d'une batterie qu'on venait d'établir.

Les fugitifs passèrent le reste de la nuit à se garder militairement et à construire un radeau. A cinq heures et demie, ils virent poindre le jour, qu'ils attendaient avec une fiévreuse impatience. Il leur apporta une amère désillusion. Ils avaient calculé que le navire, délesté comme il l'était, atterrirait sur un fond assez élevé pour qu'il fût possible de gagner le rivage sans perdre pied. Au lieu de cela, il se trouvait échoué par cinq pieds et demi d'eau dans une mer très houleuse. Le radeau sur lequel on avait compté et qui devait servir de va-et-vient, au moyen de piquets fichés en terre par les nageurs du ponton, se disloqua dès le premier voyage. Cet accident jeta le désespoir dans l'âme de tous ceux qui ne savaient pas nager. Plus de la moitié des prisonniers étaient dans ce cas. La position était réellement affreuse. Les Espagnols avaient dès l'aube ouvert un feu terrible sur le malheureux navire. Le fort de Puntalès, les différentes batteries établies entre ce fort et Cadix, une vingtaine de canonnières et autant de bombardes l'accablaient de boulets, d'obus et de bombes. Sous cette pluie de projectiles, la plupart des fugitifs perdirent la tête. Ceux qui savaient nager n'hésitèrent pas à gagner le rivage. Parmi les autres, les plus hardis ou les plus affolés se jetèrent à l'eau, en s'accrochant, les uns à des tonneaux vides, les autres à de simples planches, et en se laissant aller à la dérive. Tous ne réussirent pas à se sauver. Quelques-uns furent entraînés au large et s'y noyèrent ou furent repris par les Espagnols. Sassenay ne savait pas nager. Heureusement, il s'était fait à bord du ponton des amis dévoués qui lui avaient promis de le soutenir sur l'eau. Il se jeta donc hardiment à la mer, et, aidé par eux, il parvint à atteindre la terre, où il arriva sain et sauf après tant et de si cruelles émotions. Du mince bagage qu'il possédait il n'avait sauvé que le portrait de sa femme, qu'il avait attaché sur sa tête.

L'opération du sauvetage ne se termina que le 16 mai à midi. Les troupes du maréchal Victor y concoururent avec une ardeur digne des plus grands éloges. Pendant huit heures, plus de deux mille individus de tous grades, généraux, officiers et soldats, restèrent dans l'eau exposés aux coups de cent cinquante bouches à feu pour sauver leurs compatriotes. Des embarcations amenées au galop sur des charrettes de l'embouchure du Guadelete facilitèrent le débarquement des femmes et des enfants, et de ceux qui, ne sachant pas nager, n'avaient point osé se jeter à l'eau. Trois fois pendant l'opération les projectiles du fort de Puntalès mirent le feu au ponton, trois fois ceux qui le montaient réussirent à éteindre l'incendie. Lorsque tout le monde fut débarqué, une dernière bombe incendia le vieux vaisseau qui avait été le théâtre de si cruelles souffrances. Cette audacieuse évasion, qui, grâce à la maladresse des artilleurs espagnols, ne coûta la vie qu'à un petit

12.

nombre de prisonniers, rendit à l'Empereur six cents officiers et neuf cents soldats.

Sassenay reçut le meilleur accueil des chefs de l'armée française, qui lui fournirent l'argent dont il avait besoin et le dirigèrent sur Séville, où était établi le quartier général du maréchal Soult. C'est de cette ville qu'il adressa le 23 mai au ministre des relations étrangères un rapport sur sa mission, dont les dernières phrases trahissent la lassitude qu'il ressentait après tant d'épreuves successives. Dans ce rapport, il priait le ministre de faire parvenir à sa femme, dont il connaissait la présence en Angleterre, une lettre qu'il lui écrivait, et de vouloir bien faciliter son retour en France. Voyager en Espagne n'était pas à cette époque chose facile pour un Français. Pour ne pas tomber aux mains des guérillas, il fallait se résigner à marcher avec les convois. Sassenay mit deux mois à atteindre Bayonne, où il n'arriva que le 21 juillet. Il y trouva une très aimable lettre de M. de Champagny, qui lui exprimait l'intérêt que le gouvernement avait pris à son sort, et qui lui faisait part du traitement que l'Empereur lui avait accordé.

Ce ministre avait reçu à la fin de juin le rapport du marquis. A ce moment-là, une négociation se poursuivait à Morlaix entre le gouvernement impérial et le cabinet de Saint-James pour un échange général des prisonniers de guerre. Le commissaire français était M. de Moustier. M. de Champagny lui écrivit le 27 juin, en le chargeant de prier le commissaire anglais, M. Mackenzie, de faire parvenir à Mme de Sassenay la lettre de son mari, et de s'intéresser à son retour en France. M. Mackenzie se prêta de fort bonne grâce à ce qu'on lui demandait et en écrivit à son gouvernement, le 5 ou le 6 juillet. Toutefois, par suite de circonstances qui retardèrent son voyage, la marquise ne rentra en France qu'à la fin de juillet ou au commencement d'août 1810. Lorsqu'elle arriva à Sassenay, son mari l'y avait devancée. En le retrouvant, elle fut effrayée du changement qui s'était opéré en lui. En deux ans, bien qu'il n'eût tout juste que la cinquantaine, l'homme mûr était devenu presque un vieillard. Le changement était si grand qu'à son retour le pauvre homme n'avait point été reconnu par ses domestiques, qui, le prenant pour un imposteur, lui avaient, au premier moment, refusé l'entrée de son château. C'est que des souffrances comme celles qu'il avait endurées laissent des traces profondes, et que sa santé, sinon détruite, du moins fort altérée, devait lui rappeler, sa vie durant, qu'il avait eu un jour l'honneur d'être, sans l'avoir ni désiré ni sollicité, choisi par l'Empereur pour remplir, dans un pays lointain, une délicate et périlleuse mission.

CHAPITRE VIII

LA RÉVOLUTION ARGENTINE ET LA MORT DE LINIERS (1)

(1809-1810)

Incapacité du nouveau vice-roi. Il est trompé et trahi par les chefs créoles. — Soulèvement du 25 mai 1810 qui met fin à la vice-royauté. — Efforts de Liniers pour relever le parti royaliste. — Trahi et abandonné par ses troupes, il est fait prisonnier et mis à mort. — L'Espagne réclame ses cendres.

En acceptant la succession de Liniers, Cisneros avait assumé une tâche au-dessus de ses forces. Pour la mener à bonne fin, il lui aurait fallu un génie politique qui lui faisait complè-

(1) Gregorio FUNES, déjà cité, 2ᵉ vol., p. 367 à 368. — *Biographie de Funes* dans le 1ᵉʳ vol., p. 10 à 12. — MITRE, t. I, p. 283 à 351, et Appendice, nᵒ 20, Rapport sur les événements du 25 mai. — TORRENTE, déjà cité, Récit de don Pedro Alcantara Ximénès, chapelain de l'évêque de Cordoba, t. I, p. 69.

tement défaut. Malheureusement, en esprit
borné qu'il était, il ne comprit pas son insuffisance, et il ne sut pas profiter des conseils
absolument désintéressés que lui donna son
prédécesseur avant de quitter Buenos-Ayres,
et plus tard, du fond de sa retraite. Aux difficultés politiques qu'il ne percevait pas clairement, vinrent s'ajouter des difficultés finan-
cières. Le Trésor de la Colonie était à sec, et
de lourdes dettes avaient été contractées pour
faire face aux armements de 1807 et, depuis
lors, à l'entretien des troupes qu'on n'avait pas
pu licencier. Les dépenses s'élevaient à trois
millions de piastres par an; l'état de guerre
dans lequel se trouvait l'Espagne ayant tari
les ressources du revenu public, les recettes
ne s'élevaient pas à plus de 1,200,000 piastres,
d'où un déficit annuel de 1,800,000 piastres.
Pour remédier à cette situation désastreuse,
Cisneros eut l'idée d'accorder la liberté du
commerce. Les propriétaires terriens, presque
tous créoles, applaudirent à cette mesure, qui

fut, au contraire, vivement combattue par les négociants espagnols, qui ne voulaient pas renoncer au monopole dont ils jouissaient. Cisneros ne tint pas compte de leur opposition et ouvrit les portes de la Colonie au commerce étranger. Les Anglais, qui étaient aux aguets, inondèrent le pays de leurs marchandises et en achetèrent à de bons prix les produits qui, depuis quelque temps, ne trouvaient plus d'acquéreurs. Les coffres du Trésor se remplirent rapidement, et les habitants s'enrichirent en même temps. Les Espagnols, profondément irrités, se détachèrent du vice-roi. Celui-ci chercha un contrepoids parmi les créoles, qui, n'ayant pas pour lui l'attachement qu'ils avaient eu pour Liniers, firent de lui un instrument inconscient de leurs secrets desseins, avec l'idée bien arrêtée de le renverser à la première occasion qui s'offrirait.

Les chefs du parti patriote manœuvrèrent avec suite et habileté. Comprenant l'influence acquise par le cabildo sur la population, ils réussirent à y obtenir, sinon la majorité, du moins la moitié des voix. Ils persuadèrent ensuite à Cisneros qu'il fallait se défendre à l'aide d'un journal contre les sourdes attaques du parti espagnol. Ce journal, rédigé par eux, devint le propagateur de leurs idées et prépara le terrain à la révolution qu'ils voulaient accomplir.

Le 17 mai 1810, un navire anglais apporta à Montevideo des nouvelles désastreuses pour la cause de Ferdinand VII. Les Français semblaient maîtres de l'Espagne. Ils avaient envahi l'Andalousie et enfermé la Régence dans Cadix, où ils l'assiégeaient. Tout le monde crut dans la Colonie que c'en était fait de la mère patrie, et qu'elle allait être conquise. On se dit que l'heure était venue de songer à soi. A Buenos-Ayres, une vive agitation se propagea rapidement dans la population, qui, comme en 1806, réclama la convocation d'une assemblée des notables. Le vice-roi, très alarmé et comprenant qu'il allait avoir le sort de Sobremonte, appela autour de lui les chef militaires pour savoir s'il pouvait compter sur eux. Il dut vite se convaincre que les mêmes hommes, qui avaient si énergiquement soutenu Liniers le 1er janvier 1809, étaient absolument décidés à prendre parti contre lui. Le 22 mai, l'assemblée des notables vota sa déchéance et chargea le cabildo d'élire une Junte. Ce conseil, où les Espagnols avaient encore de l'influence, crut pouvoir retenir le pouvoir que l'on venait d'enlever à Cisneros, mais les chefs patriotes ne l'entendaient pas ainsi. La population et les troupes créoles se soulevèrent, sans que les Espagnols osassent résister, et nommèrent, le 25 mai, jour à jamais mémorable dans les fastes de la République Argentine, une Junte de sept membres qui commença par gouverner au nom de Ferdinand VII, quoique bien décidée à ne jamais reconnaître son autorité.

La présidence en fut donnée au colonel des patricios, don Cornelio Saavedra. Au nombre de ses collègues se trouvaient un ancien aide de camp de Liniers en 1807, don Manuel Belgrano, qui devait remporter plus tard sur les Espagnols les deux victoires de Salta et de Tucuman, célèbres dans l'histoire de l'Indépendance sud-américaine, et un avocat, don José Juan Castelli, un imitateur de Robespierre, à qui l'on verra jouer un rôle dans le drame sanglant qu'il me reste à raconter.

Une fois tombé du pouvoir, l'honnête mais incapable Cisneros comprit, trop tard, qu'il avait été le jouet des chefs du parti patriote, et qu'il avait fait une lourde faute en ne tenant pas compte des avis de son prédécesseur. Il comprit, en même temps, ou plutôt on lui fit comprendre, que Liniers était le seul homme assez populaire pour contre-balancer l'influence des promoteurs du mouvement et pour mettre obstacle à la révolution qui menaçait de détacher la Colonie de la mère patrie. Il lui écrivit donc, dans la journée même du 25 mai, une lettre dans laquelle, après lui avoir fait part des événements qui venaient de s'accomplir, et de l'impuissance à laquelle il était réduit par la défection des chefs militaires, il lui remettait tous ses pouvoirs, en le suppliant de faire un suprême effort pour rétablir l'autorité de la métropole. Cette lettre, le vice-roi déchu ne savait comment la faire parvenir, lorsqu'un jeune homme, du nom de Lavin, se présenta à lui dans la nuit du 25 au 26 mai et lui offrit de s'en charger. Cisneros accepta l'offre et remit la lettre au messager, qui partit à l'instant même et arriva le 28 mai à onze heures et demie du soir à Cordoba.

Le malheur voulut que Lavin ne connût dans cette ville qu'une seule personne, le chanoine et historien Funès, le dernier homme auquel il aurait dû se confier. Funès appartenait en secret au parti patriote, mais il affectait néanmoins un grand dévouement à la cause royaliste. Lorsque le messager de Cisneros lui eut demandé l'hospitalité et lui eut fait connaitre les événements du 25 mai et le

but de son voyage, il comprit tous les avantages qu'il pouvait tirer de la situation dans
l'intérêt de son parti, et il se résolut à jouer
un rôle véritablement odieux. Il conduisit
d'abord Lavin chez l'évêque, Mgr Orellana,
puis chez Liniers, qu'il fallut réveiller. L'ex-
vice-roi courut aussitôt chez son ami don José
Gutierrez de la Concha, qui était gouverneur
de Cordoba. Celui-ci convoqua chez lui, à
cinq heures du matin, outre Liniers, l'évêque,
les deux auditeurs Moscoso et Zamalloa, le
colonel des milices, don Santiago Allende et
un assesseur du gouvernement, Rodriguez, et
enfin le chanoine Funès, bien qu'il inspirât
quelque défiance.

Le premier acte de la réunion fut de prêter,
entre les mains de l'évêque, serment de garder
le secret sur toutes les délibérations. Liniers
avait peu de confiance dans les milices de la
province; il proposa de se retirer au Pérou,
où le parti espagnol était en force, et d'en
revenir avec des troupes sur lesquelles on

pourrait compter. Tout le monde se rangea à cet avis. C'était le seul sage. Malheureusement, Funès, comprenant le danger que ce projet faisait courir à la révolution s'il était mis à exécution, intervint avec une rare duplicité. Grâce à l'éloquence dont il était doué, il finit par convaincre le conseil que Liniers ferait une faute en s'éloignant, et qu'il devait, au contraire, marcher avec les milices provinciales sur Buenos-Ayres, où son approche provoquerait un soulèvement royaliste. Le traître eut gain de cause, et son plan finit par être approuvé.

L'ancien vice-roi entama, sans perdre de temps, une correspondance active avec ses amis de Buenos-Ayres et même avec les membres de la Junte dans le but de combattre le mouvement insurrectionnel. Pendant ce temps, La Concha s'occupa de concentrer à Cordoba les milices disséminées dans les campagnes et dans les forts. Par suite soit des distances, soit de la difficulté des communications, la concentration se fit très lentement. Le 14 juillet, à en croire la date d'une lettre dont nous parlerons tout à l'heure, Liniers n'avait point encore quitté Cordoba. Funès mit habilement ces lenteurs à profit, dans l'intérêt de la cause qu'il servait en secret. Il groupa autour de lui tous les partisans de l'indépendance et organisa un comité qui fit une propagande active en faveur de la révolution. Les troupes devinrent l'objet des plus vives sollicitations et furent bientôt gagnées à la cause de l'insurrection.

La Junte de Buenos-Ayres était tenue très exactement au courant des préparatifs de Liniers. Elle connaissait l'influence dont il jouissait, et elle redoutait de le voir apparaître devant la capitale avec l'armée qu'il réunissait. Elle lui écrivit en lui rappelant l'injustice dont il avait été victime de la part du gouvernement espagnol et en lui offrant le commandement en chef de ses troupes. En terminant, elle lui demandait de garder tout au moins la neutralité, et elle le menaçait de prendre des mesures violentes contre sa nombreuse famille, s'il prenait parti contre la Révolution. L'historien Torrente ne dit pas ce que le libérateur de Buenos-Ayres répondit à ces offres et à ces menaces, mais nous pouvons en juger par la lettre suivante écrite à M. de Sarratea, son beau-père, qui l'avait supplié, dans l'intérêt de ses enfants et pour éviter une catastrophe facile à prévoir, de se tenir en dehors du mouvement :

« Mon cher et vénéré père,

« Voudriez-vous qu'un général, un mili-
« taire qui, pendant trente-six ans, a donné
« des preuves réitérées de son amour et de
« sa fidélité au souverain, le délaissât à la
« dernière époque de sa vie? Ne livrerais-je
« pas à mes enfants un nom marqué au coin
« de la trahison? Quand les Anglais envahi-
« rent Buenos-Ayres, qui m'obligeait à entre-
« prendre la délivrance de cette ville? Je ne

« balançai pas à m'engager dans une entre-
« prise aussi dangereuse : j'abandonnai mes
« enfants à la Providence au milieu des enne-
« mis. Plus tard, lorsqu'il fallut défendre
« Buenos-Ayres à la tête de soldats nouveaux
« contre une armée formidable, déjà en pos-
« session de Montevideo, la bonne cause n'a-
« t-elle pas triomphé? Eh bien, mon père, si
« elle était bonne alors, elle est très bonne
« aujourd'hui. Elle réclame non seulement
« les services d'un soldat honoré des plus
« grandes distinctions qu'il puisse acquérir,
« mais de tous ceux qui ont prêté serment de
« fidélité. Songez à David et aux Macchabées,
« la victoire fut le fruit de leur foi.

« Ne vous inquiétez pas, mon cher père,
« mettez comme moi votre confiance en Dieu.
« Celui qui m'a protégé dans le passé me
« sauvera de même dans l'avenir. Mais si,
« d'après ses hauts décrets, je dois trouver,
« en cette occasion, la fin de mes jours, j'es-
« père que sa miséricorde me tiendra compte

« d'un sacrifice auquel je suis obligé par profes-
« sion, en raison de mes innombrables offenses.

« Mon père, Celui qui nourrit les oiseaux
« du ciel et prend soin des plus petits êtres de
« la création sortie de ses mains, veillera avec
« vous pour la subsistance et l'éducation de
« mes enfants. Partout ils se présenteront
« sans rougir de me devoir la vie, et si je ne
« leur laisse pas de richesses, je leur lègue un
« beau nom et de bons exemples à suivre.

« Faites connaître mes résolutions à toute
« personne qui vous demandera de mes nou-
« velles. Je n'y renoncerais pas, eussé-je le
« couteau sur la gorge (1). »

Vis-à-vis d'un adversaire aussi redoutable
que l'ancien vice-roi, il fallait agir avec décision. La Junte n'hésita pas plus longtemps et
fit marcher contre lui un petit corps de
1,200 hommes sous les ordres du commandant
des arribeños, don Francisco de Ocampo.

(1) Jules RICHARD, déjà cité, p. 41.

Dès qu'il connut l'approche des troupes insur-
rectionnelles, Liniers résolut de se porter à
leur rencontre avec les milices qu'il avait
réunies. À peine sortis de Cordoba, ses soldats
désertèrent en masse, et le général royaliste
se vit bientôt seul avec quelques chefs de corps
et vingt-huit officiers européens.

Il ne restait d'autre parti que la fuite. Liniers
conseilla à ses compagnons d'infortune de
gagner les montagnes du Pérou, vers lesquelles
il comptait se diriger lui-même. Le général
partit avec l'évêque Orellana, son chapelain,
son ami de La Concha, l'assesseur Rodriguez,
le colonel don Santiago Allende et le trésorier
Moreno. Malheureusement, il fallait des guides.
Ceux auxquels on s'adressa étaient gagnés à la
cause révolutionnaire et firent perdre aux
fugitifs un temps précieux. Après avoir erré
huit jours dans d'horribles chemins, ils furent
rejoints par une colonne de cent hommes sous
les ordres du lieutenant-colonel Balcarce et
faits prisonniers.

Balcarce, qui avait été détaché du corps d'Ocampo à la nouvelle de la désertion des troupes royalistes et de la fuite de Liniers et de ses compagnons, avait fait une extrême diligence, mais il avait été merveilleusement secondé par Funès. Ce chanoine, qui joua dans tout ce drame un rôle odieux, avait fait préparer des chevaux à l'aide desquels la petite colonne put gagner de vitesse les fugitifs et les atteindre avant qu'ils se fussent engagés dans les montagnes. Funès ne s'en tint pas là. Craignant que la population de Cordoba, bien qu'acquise à la cause révolutionnaire, ne se soulevât pour délivrer Rodriguez et Allende qui étaient apparentés aux familles les plus influentes de la ville, il alla trouver le commissaire de la Junte, Vieytes, pour l'engager à faire passer les captifs par une autre route. Vieytes le rassura en lui disant qu'il avait pris toutes ses précautions pour que ses prisonniers ne pussent lui échapper, et que, d'ailleurs, il avait reçu de la Junte l'ordre répété de les

passer par les armes dès qu'ils seraient en son
pouvoir, ce qui allait être fait dès le lendemain.
Le chanoine raconte qu'il fut atterré en apprenant cette décision, aussi cruelle qu'impolitique, qui allait donner à la cause de l'Indépendance un caractère sanguinaire et sacri-
lège. Après avoir si bien travaillé à livrer les
victimes au bourreau, Funès eut peur de son
œuvre et voulut arrêter le bras prêt à frapper.
Ses efforts tardifs ne purent sauver que deux
des sept victimes. Tout ce qu'il put obtenir
des commissaires Vieytes et Ocampo fut un
sursis à l'exécution. La Junte consultée consentit à laisser la vie à l'évêque et à son
chapelain, mais maintint l'ordre de mettre
à mort les cinq autres prisonniers. Les membres qui la composaient, dont deux, Saavedra et Belgrano, avaient été les compagnons
d'armes et les partisans déclarés de Liniers,
connaissaient toute l'étendue de son influence
et la redoutaient. Inquiets des actives menées
du parti espagnol qui s'agitait en secret, ainsi

que du mouvement d'opinion qui se manifestait parmi les troupes en faveur du libérateur de Buenos-Ayres, ils ne virent de salut, pour le nouvel ordre de choses, que dans la mort du héros qui avait été leur idole. Elle fut donc froidement résolue par eux, mais l'audace leur manqua pour commettre en pleine lumière le crime politique qui allait imprimer une tache sanglante sur le drapeau de la jeune république. Ce fut dans les profondeurs du désert, loin de tous les regards, qu'ils firent exécuter la sentence inique que leur avait dictée la peur du grand vaincu.

Les hommes auxquels fut confiée l'exécution des ordres de la Junte agirent non en soldats, mais en barbares. Liniers et ses compagnons furent conduits à pied, à demi nus, privés de nourriture, par d'horribles chemins et des contrées désertes, jusqu'aux limites de la Pampa. Pendant cette longue marche, les malheureux eurent à supporter de terribles fatigues et de cruelles privations. Elle fut leur chemin du Golgotha. Le 26 août, ils firent halte au bois des Perroquets, tout près du lieu appelé *la Cabeza del Tigre*. Comme le dit un des acteurs du drame, ce désert silencieux était l'autel sur lequel devait s'accomplir le sanglant sacrifice.

Sur les onze heures du matin arrivèrent le docteur don Juan Castelli, l'un des membres de la Junte, le colonel French, le lieutenant-colonel Balcarce, plusieurs officiers et cinquante soldats. Le sanguinaire Castelli ne perdit pas une minute pour signifier aux prisonniers la sentence rendue contre eux. Après avoir joui quelque temps des angoisses de l'évêque et de son chapelain, il leur annonça que leur peine était commuée en un exil perpétuel. L'exécution devait avoir lieu sur l'heure. L'évêque supplia les bourreaux d'accorder un sursis à ses infortunés compagnons pour se préparer à la mort. Quoique accueillies par des rires, des sarcasmes et des quolibets, ses supplications finirent par être

écoutées. Castelli consentit à donner aux condamnés un répit de deux heures. On leur lia
les mains et on leur laissa accomplir leurs
devoirs religieux.

Les deux heures révolues, le représentant
de la Junte réclama ses victimes. Les cinq
chefs royalistes marchèrent au supplice sans
forfanterie comme sans faiblesse, avec la tranquille résolution d'hommes qui meurent pour
une juste cause. Liniers, dont les sentiments
chrétiens ne s'étaient jamais démentis au
cours de sa vie, attendit en priant le moment
fatal. Ni lui ni La Concha ne voulurent permettre qu'on leur bandât les yeux. Tous deux
avaient trop souvent affronté la mort dans
les combats pour ne pas savoir la regarder en
face. Lorsque les cinq condamnés eurent été
rangés devant le peloton d'exécution, Liniers
prononça d'une voix forte les paroles sui-
vantes : « Nous mourons sous les coups de
« la Junte, fiers de notre fidélité au Roi et à
« la patrie. » A leur tour, Rodriguez et Moreno

protestèrent contre la sentence qui les frappait, puis tous s'agenouillèrent. A ce moment Liniers cria aux soldats : « Nous sommes prêts. » Les fusils s'abaissèrent, et French commanda le feu. Moins insensibles que leurs chefs, les soldats se troublèrent au moment de tirer sur le vaillant général qui avait été leur idole aux jours de ses triomphes. La première décharge, mal ajustée par des mains hésitantes, jeta les condamnés à terre sans les tuer. Il en fallut une seconde pour achever l'œuvre de sang. Elle ne fut pourtant pas mortelle pour Liniers. Quoique criblé de balles, le malheureux respirait encore, et ses lèvres murmurèrent une dernière prière. Ce fut French qui lui porta le dernier coup en lui déchargeant son pistolet sur le front, triste besogne pour un officier qui avait été comblé de ses faveurs et qui lui devait son avancement militaire et sa situation politique.

A quelques kilomètres de la *Cabeza del Tigre* s'élevait l'église isolée de *Cruz alta*.

Les bourreaux ensevelirent leurs victimes sous ses murs. Le jour suivant, le curé, un religieux de la Merci, après avoir fait creuser une fosse profonde sur le lieu même du supplice, y fit transporter les cinq cadavres. De simples initiales tracées par lui sur les croix qui indiquaient l'emplacement où reposait chacun des cinq martyrs royalistes, devaient permettre de retrouver leurs dépouilles dans des temps moins troublés.

Telle était encore l'influence de Liniers dans la Colonie et tel le prestige qui entourait son nom, que la Junte eut peur de l'effet qu'allait produire la nouvelle de son exécution. Dans la crainte d'une explosion de colère populaire, elle s'efforça de faire le silence autour de son crime, et elle interdit toute cérémonie religieuse en mémoire de ses victimes. Le temps fit son œuvre. Le souvenir des hommes s'efface vite au cours d'une révolution. Au milieu des luttes sanglantes qu'amena sur les rives du Rio de la Plata l'établissement du régime républicain, personne dans la Colonie ne songea bientôt plus à l'homme qui avait deux fois arraché Buenos-Ayres à l'envahisseur anglais.

Après un demi-siècle d'oubli, en 1862, un président de la République Argentine, soldat et historien, qui a retracé dans des pages colorées les grandes actions du vainqueur de Beresford et de Whitelocke, se souvint que les restes du héros reposaient ignorés au fond d'un désert. Il les fit pieusement exhumer et rapporter à Buenos-Ayres. En apprenant que son ancienne Colonie se préparait à élever, sur le théâtre même de ses exploits, un monument à l'illustre soldat qui avait péri en défendant son intégrité, l'Espagne s'émut et s'accusa d'ingratitude. Elle réclama les ossements de Liniers et de La Concha. Le brick de guerre le *Gravina* les rapporta à Cadix. Ils reposent aujourd'hui non loin de cette ville, à San Fernando, sous les voûtes de l'église du Collège de marine, au milieu des tombeaux et des monuments que la nation espagnole a élevés à ses plus illustres marins (1).

(1) L'église du Collège de marine de San Fernando est appelée le *Panthéon des marins illustres*. On y a élevé des monuments non seulement aux grands hommes de mer, mais à ceux qui ont donné le nouveau monde à l'Espagne, et à quelques-uns de ses plus grands généraux. A côté des noms de D. Juan d'Autriche, du marquis de Santa Cruz, de l'amiral Gravina, on rencontre ceux de Christophe Colomb, de Magellan, de Fernand Cortez, de Gonzalve de Cordoue, du prince Philibert de Savoie. Dans l'une des chapelles se trouve une statue de la Vierge, connue sous le nom de Notre-Dame de la Victoire, donnée par les Vénitiens à D. Juan d'Autriche; elle se trouvait sur sa galère capitane pendant la bataille de Lépante.

CHAPITRE IX

LES DERNIÈRES ANNÉES DE SASSENAY

(1810-1840)

Sassenay de retour en France rentre dans la vie privée. —
Élu député en 1830, il se retire de la vie politique après
la révolution de Juillet. — Ses dernières années et sa
mort.

Plus heureux que le libérateur de Buenos-
Ayres dont il pleura sincèrement la mort,
Sassenay put goûter enfin, après son retour
en France, un repos bien gagné. Jamais
homme n'avait moins que lui recherché les
aventures, et pourtant depuis dix-huit années
sa vie en avait été remplie. Tour à tour soldat
de fortune et commerçant par nécessité,
diplomate contre son gré, prisonnier dans
des conditions exceptionnellement cruelles,
il n'était jamais sorti d'une épreuve que pour

retomber aussitôt dans une autre souvent plus rude que celle qui l'avait précédée. Aussi, une fois rentré dans ses foyers, ne songea-t-il plus qu'à vivre en paix et à travailler de nouveau, en bon père de famille, au relèvement de sa fortune fort dérangée par sa longue absence.

Le gouvernement impérial ne paraît pas s'être montré reconnaissant envers Sassenay pour tout ce qu'il lui avait valu de souffrances et de misères. C'est tout au plus si, grâce à la protection du duc de Bassano, qui resta son ami, son traitement fut maintenu pendant quelques mois après son retour. Cette oublieuse indifférence n'a rien qui doive nous surprendre. Napoléon, comme tous les favoris de la fortune, n'aimait que les gens heureux; heureux, le marquis ne l'avait pas été au cours de sa mission. Non seulement elle avait échoué, mais elle avait provoqué un mouvement séparatiste et républicain qui allait faire perdre à l'Espagne, que l'Empereur croyait toujours pouvoir soumettre, une de ses plus importantes colonies. Cet échec de sa politique fut sensible au grand homme. Pour en détourner sa pensée, il oublia Sassenay et ne fit rien pour lui.

La situation pécuniaire du marquis ne s'améliora que sous la Restauration. Comme tous les émigrés, il eut sa part de l'indemnité votée par les Chambres. Cette restitution, sans lui rendre, à beaucoup près, la fortune dont la Révolution l'avait dépouillé, lui permit, du moins, de finir ses jours sans soucis d'argent et sans préoccupations pour l'avenir des siens.

Bien qu'il aimât peu la politique et la vie parlementaire, il lui fallut, une fois encore, y prendre une part active à la fin de la Restauration. Le ministère de Polignac, qui désirait opposer la grande influence dont il jouissait dans son département à celle toute-puissante du général de Thiard, l'un des chefs du libéralisme, lui demanda de solliciter les suffrages des électeurs de Saône-et-Loire. Battu dans l'arrondissement de Chalon le 23 juin par son redoutable concurrent, il fut élu le 3 juillet par le grand collège de Mâcon. Son passage à la Chambre fut de courte durée. Un mois ne s'était pas écoulé depuis son élection que le trône de Charles X était renversé par une insurrection populaire. Après avoir, quoique sincèrement attaché à la branche aînée des Bourbons, accepté la monarchie nouvelle dans la crainte de la République, le marquis se retira de la vie politique et rentra, pour n'en plus sortir, dans l'obscurité de la vie privée.

D'amers chagrins vinrent assombrir les derniers temps de sa vie. Il perdit, à peu d'années d'intervalle, une fille qu'il adorait et l'énergique compagne qui l'avait soutenu dans ses jours d'épreuve. Ces deux coups furent terribles pour le vieillard. Il les supporta pourtant avec la courageuse résignation que donne seule une foi sincère et profonde. Mais il se retira du monde et ne vécut plus que pour ses enfants et quelques vieux amis, faisant le plus de bien possible dans son cher Sassenay où tous l'aimaient et le respectaient. Le 8 novembre 1840, la mort le frappa à son tour. Il s'éteignit doucement et sans souffrances, regretté de tous ceux qui l'avaient connu et laissant dans le milieu où il avait vécu, la mémoire d'un homme de bien.

PIÈCES JUSTIFICATIVES

APPENDICE A

DOCUMENTS TIRÉS DES ARCHIVES DU MINISTÈRE
DE LA MARINE.

(Campagnes de 1808. — 14-BB⁴-275. — Bâtiments isolés.
— Missions particulières.)

I

Rapport du lieutenant Dauriac au ministre de la marine, sur le voyage du Consolateur *de Bayonne au Rio de la Plata.*

20 juillet 1810.

MONSEIGNEUR,

Je partis du port de Bayonne le 30 de mai 1808, commandant le brick de S. M. I. et R. *le Consolateur.* Ma destination fut de conduire à Montévideo, rivière de la Plata, M. B⁴. Sassenay, chargé d'une mission près du vice-roi de ce royaume.

Je parvins, le 9 août 1808, à débarquer au port de Maldonado, rivière de la Plata, M. de Sassenay avec ses dépêches, comme Son Excellence le verra

14

par le procès-verbal de la perte du bâtiment que je
commandais que j'ai l'honneur d'adresser à votre
Excellence, ayant resté cinq jours dans la rivière
sans avoir pu atteindre le port de Montévideo par
la contrariété du temps.

Je fus forcé de perdre mon bâtiment le 10 août,
qui fut crevé un instant après avoir fait côte. Je n'y
mis pas le feu dans l'espoir de sauver les fusils
que j'avais pour cette colonie qui s'en trouvait
totalement dépourvue. Je parvins d'en sauver 400
sur 600, car les Anglais n'ont rien enlevé, quand ils
sont allés à bord, que la boisson.

Le 11 août, M. le gouverneur de Montévideo
m'expédia un aide de camp pour m'offrir ses services en m'engageant à me rendre à Montévideo,
ce que je n'ai fait que neuf jours après, ayant occupé
mon équipage et des corvées espagnoles au sauvetage
des effets et armes du *Consolateur;* des charrettes me
furent fournies pour conduire à Montévideo tout
ce que nous parviendrions à sauver. Le 18 août, je
me mis en marche pour Montévideo avec mon équipage qui s'était en partie blessé au sauvetage et que
la fatigue avait rendu malade, mon second resta à
continuer le sauvetage avec des corvées espagnoles.

Le 19 août, arrivé à la Guadia, sous les murs de
Montévideo, je fus conduit dans une maison parti-
culière par un adjudant de la place, où il établit une
garde de douze soldats, sans me dire quel en était

le sujet. Un instant après on conduisit M. de Sassenay qui revenait de Buenos-Ayres pour conférer avec moi. Il m'annonça que le 18 qu'une goélette arrivée de Cadix avait annoncé la guerre entre la France et l'Espagne, et que nous étions considérés, à compter de ce jour, comme prisonniers de guerre; le même jour on conduisit M. de Sassenay à la citadelle de Montévideo, où il fut renfermé et incommuniquable.

Mon équipage qui arriva le lendemain fut conduit dans une maison d'arrêt, hors la ville, où ils furent maltraités; mon état-major vint me trouver dans la maison où on m'avait conduit où nous restâmes jusqu'au 25 septembre qu'on nous envoya à vingt lieues dans les terres et quinze jours après cent lieues plus loin, jusqu'au moment où on nous renvoya à Montévideo pour y être embarqués pour l'Espagne avec M. de Sassenay et mon état-major. Le 6 décembre dernier, M. de Sassenay et mon second partirent pour Cadix, et le 18 janvier, M. Alexandre Castagnier et moi furent embarqués sur une goélette qui y arriva le 1er mai. Le 2, nous fûmes conduits à bord du ponton *la Castille* sur la rade de Cadix qui, le 15 du même mois, fut enlevé par les prisonniers comme j'ai eu l'honneur de vous en instruire le 17 mai dernier du port Sainte-Marie.

Dans le courant de la traversée, j'ai eu le malheur de perdre mon maître d'équipage.

Je désire, Monseigneur, que mon rapport puisse vous être agréable.

J'ai l'honneur d'être de V. E., Monseigneur, etc.

DAURIAC,
Lieutenant de vaisseau.

II

Extrait du procès-verbal de la perte du brick le Consolateur.

Nous, capitaine et officiers, composant l'état-major, chargés du brick de S. M. I et R. *le Consolateur*, armé d'une pièce de 16 en bronze sur pivot, deux canons de 4, quatre pierriers, fusils, sabres, haches d'armes et pistolets.

Certifions qu'étant partis du port de Bayonne le 30 mai 1808, pour Montévideo, rivière de la Plata, y conduire M. de Sassenay chargé des dépêches pour le Gouvernement espagnol; que nous parvînmes le 9 août à huit heures et demie du matin avec les vents de la partie de l'ouest, au mouillage de Maldonado, à la demande de M. de Sassenay (que le capitaine avait ordre de consentir à son débarquement conformément à ses instructions), après avoir été retenus pendant cinq jours dans la rivière de la Plata, sans avoir pu gagner le port de Montévideo; qu'à l'instant où on levait les voiles sur les fils de carrets, on aperçut deux bâtiments dans l'est-sud-est du compas, distance environ quatre lieues tenant le vent, mis le canot à la mer et fait déjeuner le monde.

A neuf heures et demie, fait mettre à terre M. de Sassenay et envoyé M. Castagnier, enseigne de vaisseau, au village de Maldonado, qui est à une demi-lieue du rivage, pour demander au commandant un pratique de la côte pour nous conduire à Montévideo... afin de mieux naviguer...

...A midi, nous reconnûmes les voiles aperçues pour deux bâtiments de guerre au moins frégates, courant bord sur bord, travaillé à force à nous mettre en appareillage. A une heure, M. Castagnier est revenu à bord avec un pratique de la côte. Il prévint le capitaine que le commandant de Maldonado lui avait dit que les voiliers en vue étaient deux vaisseaux anglais, un de quatre-vingts, l'autre de soixante-quatorze canons, qui étaient à la recherche d'un bâtiment français qu'ils savaient venir porter des armes aux Espagnols d'après le rapport d'un Portugais...

APPENDICE B

DOCUMENTS TIRÉS DES ARCHIVES DU MINISTÈRE DES AFFAIRES ÉTRANGÈRES.

I

Décret du 5 février 1810, accordant à M. de Sassenay un traitement de 6,000 francs, à partir du 1ᵉʳ mai 1808. — (Espagne, t. DCLXXXI, fol. 119.)

Au palais des Tuileries, le 5 février 1810.

Napoléon, etc.

Nous avons décrété et décrétons ce qui suit :

Art. 1ᵉʳ. Il est accordé au sieur Bernard de Sassenay, chargé de mission à Buenos-Ayres, un traitement annuel de 6,000 francs. — Art. 2. Ce traitement commencera à courir à dater du 1ᵉʳ mai 1808. — Art. 3. Notre ministre des relations extérieures est chargé de l'exécution du présent décret.

Signé : NAPOLÉON.

Par l'Empereur :
Le Ministre, secrétaire d'État.

Signé : LE DUC DE BASSANO.

II

Lettre du ministre des relations extérieures du 8 février 1810, annonçant à madame de Sassenay que l'Empereur a accordé à son mari un traitement de 6,000 francs et à elle-même une gratification de 20,000 francs pour son voyage. — (Espagne, t. DCLXXXI, fol. 128.)

MADAME,

S. M. l'Empereur et Roi a daigné avoir égard aux demandes que vous lui avez adressées. Elle a accordé à M. de Sassenay, votre mari, chargé de mission à Buenos-Ayres, un traitement annuel de 6,000 francs, à compter du 1er mai 1808, et elle vous a accordé, Madame, une gratification de 20,000 francs qui vous sera remise sur les fonds de mon ministère.

Ce témoignage des bontés de Sa Majesté sera, pour M. de Sassenay, un adoucissement à sa position; je désire qu'il puisse bientôt jouir de vos soins et que le voyage que vous vous proposez de faire pour aller partager son sort ou pour le changer soit complètement heureux.

Agréez, Madame, les assurances de mon respect.

III

Rapport de M. de Sassenay au ministre des relations extérieures sur sa mission à Buenos-Ayres, en date du 23 mai 1810. — (Espagne, t. DCLXXXII, fol. 213.)

Séville, le 23 mai 1810.

Enfin, après vingt et un mois d'une dure captivité, je puis annoncer à Votre Excellence que j'ai eu le bonheur d'échapper le 16 de ce mois, des mains barbares entre lesquelles j'avais eu le malheur de tomber.

Le ponton *la Castille* sur lequel j'ai été conduit, après une longue suite de mauvais traitements en Amérique, dont je supprime, pour le moment, les détails, a été, après avoir coupé ses câbles, s'échouer sous les batteries du Matta-Gorda, dans la baie de Cadix, d'où, avec leur protection et à l'aide des barques envoyées par les Français, tous les prisonniers, à un très petit nombre près, ont été sauvés.

Je n'entre dans aucuns détails sur cet heureux événement, parce que la relation exacte en sera publiée et envoyée à S. M. l'Empereur et qu'ainsi elle vous sera communiquée.

Je vais maintenant, ce qui m'a été impossible

jusqu'à ce moment, rendre compte à Votre Excellence de la mission dont elle m'a chargé au nom de S. M. l'Empereur.

Je me suis embarqué à Bayonne, comme Votre Excellence peut s'en rappeler, le 30 de mai 1808, et, quoique le *Consolateur* marchât assez bien, ayant eu des vents contraires dans la baie de Biscaye et ayant surtout rencontré des vents du sud par les neuf degrés et demi nord, notre traversée jusqu'à Maldonado a été de soixante-dix jours ; c'est le 9 d'août 1808 que j'ai été mis à terre ; le brick ayant remis à la voile pour se rendre à Montevideo, a été poursuivi par deux vaisseaux anglais et par ses chaloupes, ce qui a obligé le commandant à s'échouer entre Maldonado et Montevideo pour éviter de tomber entre les mains des Anglais ; l'équipage a été sauvé et le bâtiment inutilisé ; le commandant, qui est aussi du nombre des sauvés du ponton, en a fait dresser un procès-verbal qu'il aura l'honneur de communiquer à Votre Excellence ainsi qu'au ministre de la marine.

Ayant donc été débarqué le 9 août 1808, à Maldonado, j'en partis le même jour, à cheval, pour me rendre à Montevideo où j'arrivais le lendemain, il y a trente lieues de pays. J'y fus reçu par le gouverneur avec assez d'égards, quoiqu'il ne me dissimulât cependant point combien il était affligé des événements passés à Bayonne. Quelque chose qui me donna d'abord mauvaise opinion du succès de ma mission, fut de trouver tout disposé pour prêter le serment de fidélité à Ferdinand, et observant au gouverneur qu'il devrait trouver le moyen de suspendre cette fonction jusqu'à ce qu'il connût la détermination du gouvernement de Buenos-Ayres relativement aux dépêches dont j'étais chargé et dont j'ignorais le contenu, mais qui, suivant ce que je supposais, devaient porter des ordres relatifs à ces mêmes événements et, par conséquent, rendre le serment inutile; il me répondit qu'il n'en était pas le maître, que cela causerait une fermentation dangereuse, et me donna à entendre que je ferais mieux de ne pas continuer ma route jusqu'à Buenos-Ayres, où le général Liniers, qui n'était environné que de troupes des gens du pays, n'avait que peu d'influence et ne pourrait me protéger au cas que la nouvelle que j'apportais excitât un soulèvement. Je lui observai que mes ordres étaient de remettre mes dépêches au vice-roi, que je ne pouvais m'en dispenser et que je le priais de me donner les moyens de m'y transporter, ce à quoi il consentit, et je partis de Montevideo le 11 août, escorté d'un officier, et j'arrivai le lendemain au soir à la colonie du Saint-Sacrement, distante de quarante-quatre lieues de Montevideo; je m'y embarquai immédiatement et le lendemain matin j'étais rendu à Buenos-Ayres. Le vice-roi, par des mesures de prudence et pour éviter toute apparence de connivence avec le gouvernement français, ne me reçut pas seul, et fit venir, pour l'ouverture des dépêches, les membres de la Junta supérieure, et ce fut en leur présence qu'elles furent lues. Quand ils en eurent pris connaissance, il me fut répondu qu'on ne voulait point absolument d'autre roi que Fernando sept°. Plusieurs d'entre les membres étaient d'avis qu'on prît des mesures violentes contre moi et qu'on s'assurât de ma personne, mais enfin la détermination qui prévalut fut de me faire embarquer immédiatement pour Montevideo où l'on m'enverrait la contestation officielle et où l'on me procurerait le plus tôt possible un bâtiment pour retourner en Europe avec les officiers du bâtiment qui m'avait apporté, et que je devais leur donner ma parole d'honneur de ne rien dire des événements qui avaient été le sujet de ma mission. Avant de m'embarquer j'eus cependant occasion de voir en particulier M. de Liniers; il s'excusa (je crois sincèrement) sur la manière dont il m'avait reçu, me disant que sa position l'exigeait, qu'il n'avait point de troupes réglées, que son autorité ne consistait que dans l'opinion et que tout l'attachement qu'on avait pour lui tomberait du moment qu'il s'écarterait de ce qui semblait le vœu général. Ce qui me convainquit encore plus de cette assertion fut la dépendance dans laquelle je vis qu'il était du cabildo ou corps municipal, pour avoir de l'argent pour payer ses troupes. Il m'assura qu'il ne demandait pas mieux que de voir changer un gouvernement qui n'avait pas été reconnaissant envers lui pour les services qu'il lui avait rendus, puisqu'on l'avait laissé vice-roi par intérim au lieu de lui en confirmer la propriété, mais qu'il fallait agir avec prudence et attendre que les circonstances lui permissent de se prononcer; que jusque-là il temporiserait; qu'il me procurerait les moyens de m'en retourner immédiatement afin de rendre compte de sa situation et faire en sorte qu'on lui envoyât quelque secours d'hommes et d'armes dont il manquait, et qu'alors il pourrait réussir dans ce qu'il désirait; que son intérêt et la haute estime qu'il avait pour l'Empereur l'attachait davantage à la nouvelle dynastie avec laquelle son sort serait fixé, au lieu de l'état d'incertitude dans laquelle il vivait. Je suis donc persuadé que s'il avait eu des moyens ou peut-être plus d'audace, et que j'eusse pu retourner en Europe, les événements eussent pris un autre cours. La proclamation qu'il fit après mon arrivée où il engageait les peuples à la tranquillité et à attendre, comme dans la guerre de Succession, la suite des événements, prouve d'une manière irrévocable que ses intentions étaient de servir l'Empereur, mais qu'il en a été empêché par les circonstances.

Je passai toute la nuit avec lui et le lendemain, 14 août, je m'embarquai pour Montevideo où j'arrivai le 19 au soir; une goëlette arrivée de Cadix en cinquante jours venait d'y mouiller et portait, avec la nouvelle de la guerre entre l'Espagne et la France, l'ordre d'arrêter tous les Français. Je fus, en conséquence, mis à la citadelle seul et sans communication, dans une espèce de cachot, où je suis resté, abreuvé de toutes les amertumes possibles. J'y ai été en tout seize mois; mais voyant au bout de dix que j'étais sans espoir de sortir de ma prison, je cherchai les moyens de m'évader et j'y parvins; malheureusement je fus repris, mis aux fers que j'ai gardés cinq mois et j'ai été traité avec toute la barbarie qui appartient sans partage à la nation espagnole et dont le gouverneur de Montevideo est un digne chef. Je fus dépouillé de tout l'argent que j'avais, et ayant été conduit à Buenos-Ayres pour le conseil de guerre qui fut tenu au sujet de mon évasion, je trouvai le moyen de me procurer 400 piastres que je tirai sur les États-Unis et que j'ai aussi perdues.

Ainsi, comme peut le voir V. E., ma mission a été sans succès et j'ai fait pour moi de mauvaises affaires. Cela n'a pas été de ma faute et j'espère en convaincre encore mieux Votre Excellence lorsque j'aurai l'honneur de la voir.

Je vais m'acheminer vers la France, satisfait de

quitter un pays que j'ai en horreur ainsi que ses habitants. Si V. E. avait quelques ordres à me donner, elle pourrait me les transmettre à Bayonne où, suivant toutes les apparences, je ne pourrai guères ariver que dans deux mois parce qu'il faut marcher en convoi.

Ma femme a été en Angleterre pour trouver le moyen de me faire échanger; comme elle n'aura pu y aller sans votre protection, je vous supplie de lui faire parvenir la lettre ci-incluse, ainsi que les passeports nécessaires pour son retour. V. E. concevra facilement combien je désire retrouver une compagne aussi digne d'attachement, après une aussi longue et cruelle séparation.

Je prie Votre Excellence d'agréer les assurances des sentiments d'estime et d'affection avec lesquels j'ai l'honneur d'être, de Votre Excellence, le très humble et très obéissant serviteur.

Signé : Sassenay.

I V

Lettre du ministre des relations extérieures à M. de Moustier, commissaire français chargé de négocier, avec M. Mackenzie, commissaire anglais, un échange général de prisonniers de guerre, pour faire parvenir à madame de Sassenay une lettre

de son mari et faciliter son retour en France. —
(Espagne, t. DCLXXXII, fol. 349.)

27 juin 1810.

MONSIEUR,

J'ai l'honneur de vous envoyer une lettre adressée à Mme de Sassenay à Londres, par son mari qui se trouve actuellement à Séville.

M. de Sassenay était parti de Bayonne le 30 mai 1808 avec une mission pour Buenos-Ayres. Après l'avoir remplie, il se disposait à s'embarquer à Montevideo pour retourner en Europe, lorsqu'il fut arrêté et constitué prisonnier. Sa détention y a duré seize mois. On le transféra ensuite dans la baie de Cadix et on l'y garda avec d'autres prisonniers français à bord du ponton *la Castille.* Vous connaissez de quelle manière les prisonniers détenus sur ce ponton ont recouvré leur liberté le 16 mai dernier. M. de Sassenay sauvé avec eux se propose de revenir incessamment en France.

Quelques mois avant cet événement, Mme de Sassenay ne recevant de son mari aucune nouvelle et le croyant toujours détenu à Montevideo, avait formé le touchant projet d'aller solliciter elle-même sa mise en liberté ou de partager son sort. Elle obtint, pour son voyage, l'autorisation du gouvernement français, et elle s'embarqua pour l'Angleterre d'où elle se proposait de passer en Amérique, mais il y a lieu de croire qu'elle est encore à Londres.

Je vous prie, Monsieur, de lui faire parvenir la lettre qui lui est adressée et de demander à M. Mackenzie qu'il lui soit donné des facilités pour revenir en France. On pourrait profiter, pour son retour, de l'expédition du premier bâtiment parlementaire.

J'ai cru devoir, Monsieur, vous donner tous ces détails parce qu'en faisant mieux connaître la situation de Mme de Sassenay, ils sont propres à inspirer plus d'intérêt en sa faveur.

Agréez, Monsieur, les assurances de ma parfaite considération.

V

Lettre du ministre des relations extérieures à M. de Sassenay, du 3 juillet 1810. — (Espagne, t. DCLXXXIII, fol. 7.)

Monsieur,

La lettre que vous m'avez fait l'honneur de m'adresser de Séville le 23 mai dernier, a mis un terme à mes vives inquiétudes sur votre position, et elle m'a fait espérer que nous vous reverrions bientôt. Je me suis empressé d'envoyer au commissaire français la lettre que vous m'avez adressée pour Mme de Sassenay, et je l'ai invité à faire des démarches pour lui procurer la facilité de revenir d'Angleterre en France.

Vous êtes, sans doute, informé de tout l'intérêt que le gouvernement avait pris à votre sort longtemps avant qu'il apprît votre retour en Europe. Il vous avait accordé, à dater du 1ᵉʳ mai·1808, époque de la mission que vous alliez remplir à Buenos-Ayres, un traitement annuel de 6,000 francs, et il avait fait remettre à Mme de Sassenay d'autres témoignages de sa bienveillance, afin de lui procurer les moyens de se rendre auprès de vous suivant le projet que sa tendresse et son courage lui avaient inspiré.

J'ai lu, avec intérêt, les touchants détails que vous m'avez adressés sur les circonstances de votre mission; si elle n'a pas été plus heureuse, vous avez du moins pu être soutenu par l'idée que votre dévouement était remarqué de Sa Majesté; qu'il pouvait être utile à son service; que Sa Majesté vous avait honoré de sa confiance.

Agréez, Monsieur, les assurances de ma parfaite considération.

VI

Lettre en date du 5 juillet 1810 de M. de Moustier au ministre des relations extérieures. — (Angleterre, t. DCIV, fol. 121.)

MONSEIGNEUR,

J'ai remis à M. Mackenzie la lettre pour Mme de Sassenay qui était jointe à celle que Votre Excellence m'a fait l'honneur de m'écrire le 27 juin.

Cette lettre est partie hier pour Londres par un parlementaire que M. Mackenzie a réexpédié, car d'après la manière dont il m'a paru touché de la situation intéressante de Mme de Sassenay, je ne puis douter qu'il n'ait fait, à ma demande, les démarches nécessaires pour obtenir son passage sur le prochain parlementaire qui, suivant toute apparence, sera ici dans une quinzaine de jours.

Je suis, avec un respectueux dévouement, Monseigneur, de Votre Excellence, le très humble et très obéissant serviteur.

Signé : MOUSTIER.

VII

Lettre du ministre des relations extérieures au directeur de la poste à Bayonne. — (Espagne, t. DCLXXXIII, fol. 10.)

4 juillet 1810.

Le ministre des relations extérieures a l'honneur d'envoyer à M. le directeur de la poste à Bayonne, une lettre qu'il adresse à M. de Sassenay, l'un des prisonniers français qui étaient détenus sur le ponton *la Castille* et qui sont parvenus à recouvrer leur liberté. M. de Sassenay a dû partir de Séville il y a quelque temps, et il est probablement arrivé à Bayonne.

Le ministre prie monsieur le directeur de vouloir bien lui faire remettre cette lettre ou de la renvoyer au ministère dans le cas où il serait déjà parti de cette ville pour se rendre à Paris.

Il le prie d'agréer les assurances de sa parfaite considération.

Reçu la lettre ci-dessus mentionnée.

B. DE SASSENAY.

Le **21 juillet.**

APPENDICE C

TRADUCTION DE DOCUMENTS INÉDITS, TIRÉS DES AR-
CHIVES DE BUENOS-AYRES ET DE MONTEVIDEO, PAR
M. LE GÉNÉRAL BARTOLOMÉ MITRE, ANCIEN PRÉ-
SIDENT DE LA RÉPUBLIQUE ARGENTINE, POUR SON
HISTOIRE DE BELGRANO ET DE L'INDÉPENDANCE
ARGENTINE, ET GRACIEUSEMENT COMMUNIQUÉS PAR
LUI.

I

*Extrait de l'enquête du fiscal de l'audience royale
du 15 octobre 1808.*

Le numéro 8 est l'ordre que le vice-roi transmet
au gouverneur de Montevideo, de hâter le départ
d'un brick espagnol qui doit mettre à la voile de
Montevideo, et d'y embarquer l'émissaire français
qui a apporté les dépêches de l'empereur Napoléon.
Le vice-roi ordonne également de profiter de la
première occasion pour embarquer aussi les officiers français du *Consolateur* et d'admettre au service de terre ou de mer, les hommes de l'équipage
qui voudront prendre ce parti volontairement.

Pour la parfaite intelligence de ce document, il
faut rappeler les faits qui se sont passés :

L'émissaire français, M. de Sassenay, étant arrivé dans cette capitale (Buenos-Ayres) avec des dépêches pour le gouvernement, le vice-roi ayant égard à ce que lui-même appartenait à une nation étrangère, ne voulut pas recevoir Sassenay en particulier et fit appeler au fort les alcades ordinaires et les procureurs fiscaux avec le sous-doyen du Tribunal. Toutes les personnes convoquées s'étant réunies, à l'exception du premier alcade remplacé par le doyen des corrégidors (officiers municipaux), Son Excellence le vice-roi donna ordre de faire entrer le susdit émissaire qui, en présence de tous, ouvrit la valise qui contenait les dépêches, et toutes furent reconnues à l'exception de ses instructions personnelles. La valise contenait le passeport donné par l'Empereur audit émissaire ; la renonciation de notre roi, Ferdinand VII, en faveur de son père, par le motif que celui-ci avait protesté contre sa première abdication ; la renonciation du roi Charles IV, de Ferdinand VII et des infants D. Carlos et D. Antonio en faveur de l'Empereur (ces renonciations imprimées en France avec l'autorisation du ministre des relations extérieures) ; les dépêches de ce ministre, dont quelques-unes non signées, annonçant le choix qu'avait fait ou qu'allait faire Napoléon de son frère Joseph, roi de Naples, pour la couronne d'Espagne, et la convocation des Cortès à Bayonne pour obtenir le

15.

consentement du pays dans la plénitude de son indépendance et de l'intégrité de la monarchie. Il y
avait, également, des dépêches cachetées des secrétaires d'État espagnols pour les gouverneurs de
cette vice-royauté et de celle de Lima, et d'autres
pour Mexico, Santafé et les Philippines; une lettre
confidentielle du ministre de l'intérieur; deux or-
donnances des secrétaires d'État de la guerre et de
l'intérieur qui contenaient une provision royale du
conseil de Castille, communiquant la déclaration
de nullité de l'abdication de Charles IV et la volonté exprimée par son fils de lui voir reprendre
les rênes du Gouvernement, ce qu'il avait fait.

A la première vue de ces plis, on donna l'ordre à
l'émissaire de se retirer, et, après avoir réfléchi sur
ce qui devait être fait dans un cas aussi extraordi-
naire, on adopta, tout de suite, l'avis qu'il fallait
empêcher l'émissaire de communiquer avec qui que
ce fût et le renvoyer immédiatement pour éviter
qu'il pût divulguer des nouvelles aussi dange-
reuses pour notre constitution et notre gouvernement, et pour le mettre en mesure de faire connaître en Europe la manière de penser de ces colonies,
en suite de ce qu'il avait observé dans la réception
à lui faite, cette manière de penser devant exercer
une influence sur le sort et l'opinion de l'Espagne
en faveur du souverain légitime; on fit comparaître
de nouveau l'émissaire, on lui demanda s'il avait

confié des papiers à quelque personne ou communiqué à quelqu'un l'état de l'Europe. Il répondit qu'il n'avait donné de papiers à personne, mais qu'il avait fait part au gouverneur de Montevideo des nouvelles qu'il apportait. On lui déclara qu'il était nécessaire qu'il repartît immédiatement pour l'Europe et qu'il serait traité avec la dernière rigueur s'il ne gardait pas le secret sur la situation de l'Espagne. L'émissaire répondit alors en expliquant la détresse dans laquelle il se trouvait pour retourner en Europe, par suite de la perte de ses bagages et de son argent qui avaient été perdus en même temps que le brick. Son Excellence répliqua que la générosité espagnole n'avait jamais reculé devant les devoirs de l'humanité. Le doyen des corrégidors ajouta que si on avait secouru les Anglais qui nous avaient fait tant de mal, avec une générosité propre au caractère espagnol, avec plus de raison on agirait de même avec celui qui n'avait eu d'autre rôle que d'avoir été envoyé pour cette perfide commission. Les autres assistants se prononcèrent dans le même sens, assurant l'émissaire que S. E. donnerait des ordres pour qu'on lui fournît ce dont il avait besoin.

En examinant de nouveau la valise, on trouva qu'elle contenait dans un autre compartiment divers exemplaires d'un imprimé en français et en espagnol, œuvre d'un anonyme séditieux, qu'on fit brûler plus tard. Quant aux autres plis et documents, on les renferma dans une caisse dont S. E. confia la clef au doyen des corrégidors, malgré les instances faites par celui-ci et par le second alcade pour ne pas la recevoir, tous deux ayant une juste considération pour la personne de l'Excellentissime vice-roi et la confiance qu'on devait avoir en lui.

Telle est la relation ponctuelle et exacte de ce qui s'est passé avec l'émissaire français, et cette relation suffit pour montrer dans quelle pensée et par quel motif Son Excellence a écrit l'ordonnance qui est jointe au présent document; le vice-roi n'a pas fait autre chose que se conformer à l'avis de ceux qui ont assisté à l'ouverture des plis, et il a agi avec autant de précaution que s'il avait prévu les calomnies auxquelles sa conduite allait être en butte.

II

Années 1808-1809

Extrait du dossier, nᵒ 1944, de l'audience royale du Rio de la Plata, constitué par le gouvernement de Montevideo à la requête des fiscaux de S. M.

ORDRE donné par le général Elio au lieutenant de vaisseau D. Diego Ponce de Léon, sergent-major intérimaire de la forteresse de Montevideo, d'ouvrir une enquête sur la mission de M. de Sassenay.

Comme il importe au service de S. M. d'éclaircir tout ce qui s'est passé avec M. de Sassenay, émissaire de l'Empereur français, depuis son départ de Montevideo pour Buenos-Ayres, j'ai résolu de vous charger de recueillir, avec l'aide d'un scribe, toutes les informations concernant cette affaire. Vous chercherez à obtenir tous les renseignements possibles sur ce qui s'est passé dans le voyage d'aller et de retour et sur la manière dont l'émissaire a été reçu par l'Excellentissime seigneur vice-roi, capitaine général de la Province. Vous devrez rechercher si la permission accordée à l'émissaire de quitter Buenos-Ayres, lui donnait l'autorisation de retourner en Europe, ou s'il devait rester détenu dans cette forteresse. Vous devrez également recueillir les instructions données à l'officier chargé d'escorter l'émissaire et tous autres renseignements y relatifs, jusqu'au moment de l'arrestation qui a eu lieu le 19 août. Le dossier devra contenir un certificat relatif à la conformité de la copie incluse des instructions dudit envoyé avec l'original, dont la traduction a été faite sur mon ordre par vous et par le capitaine de frégate D. José Posadas. Pour tout cela, je vous donne commission et je vous recommande particulièrement d'exécuter mes ordres sans perdre un instant. Que Dieu vous garde pendant de longues années.

Montevideo, 28 septembre 1808.

Signé : Xavier Elio.

III

Interrogatoire du capitaine Igarzabal, l'officier chargé de conduire M. de Sassenay à Buenos-Ayres et de le ramener à Montevideo.

A Montevideo, le 6 septembre 1808, le señor D. Diego Ponce de Léon, sergent-major par intérim de cette forteresse, a fait comparaître en sa présence D. Francisco Xavier de Igarzabal, capitaine honoraire au régiment d'infanterie du Rio de la Plata. Le capitaine Igarzabal a prêté serment dans la forme militaire et a promis de dire la vérité sur tout ce qu'il savait.

Interrogé sur les points suivants : s'il savait que le Français, M. de Sassenay, était venu dans cette forteresse et par l'ordre de qui; dans quel but et avec quelles intentions il s'était rendu à Buenos-Ayres, comme émissaire de l'Empereur français, le capitaine répond ce qui suit :

Le 11 août, ayant reçu du seigneur Gouverneur

l'ordre verbal d'accompagner ledit Français, Bernard Sassenay, il est parti avec lui à onze heures du matin, en poste, avec l'instruction de sa seigneurie de le conduire à l'Excellentissime vice-roi, comme cela a eu lieu le 13 dans la salle de réception du fort où Son Excellence fit donner à lui et à son compagnon, par son fils D. Luis Liniers, l'ordre de demeurer jusqu'à ce qu'on les appelât. Tous deux restèrent ensemble dans ladite salle (sans que jusqu'alors Son Excellence eût parlé au Français ou l'eût vu). On les fit ensuite passer dans un autre bâtiment où se trouvait Son Excellence avec divers membres du cabildo et divers assesseurs de l'audiencia où, ayant remis M. de Sassenay entre les mains du vice-roi, le capitaine se retira. D. Xavier de Igarzabal a dit qu'il était de notoriété publique, comme il l'a entendu de Sassenay lui-même, que celui-ci était venu en qualité d'émissaire de l'Empereur des Français.

Interrogé sur le point de savoir si, après avoir laissé le Français Sassenay en présence du vice-roi, il l'a vu de nouveau et quand, il répond ce qui suit :

Après avoir laissé Sassenay devant la Junte, à onze heures du matin, le 13 août, l'ordre lui ayant été donné de se retirer, il n'a plus revu l'émissaire que le 14, à quatre heures et demie du soir. Ayant été prendre les ordres du vice-roi, celui-ci lui donna l'ordre de se rendre immédiatement à bord de la zumaca *Belen,* où le Français susdit l'attendait pour retourner à Montevideo.

Interrogé sur les points suivants : quelle conduite Son Excellence lui a recommandé de tenir vis-à-vis de l'émissaire, dans quel navire devait s'effectuer la traversée de retour et quelles autres circonstances méritaient d'être signalées, il répond ce qui suit :

Les recommandations et les ordres reçus du vice-roi se sont bornés à ramener l'émissaire et à le traiter avec les mêmes égards qu'en l'amenant à Buenos-Ayres.

Son Excellence, en lui recommandant de ne révéler à personne ce qu'aurait pu dire le susdit émissaire dans le voyage, lui a demandé sa parole d'honneur de garder le secret. Le capitaine s'étant embarqué sur les quatre heures du soir, trouva sur la *Belen* l'émissaire qui dînait en compagnie du commandant D. Luis Liniers, du lieutenant de frégate Lacose, et de l'enseigne de vaisseau D. José Aldana. Peu de temps après, une chaloupe anglaise parlementaire, venant d'une corvette de guerre qui se trouvait au large et qui amenait de Rio de Janeiro le comte de Liniers (frère aîné du vice-roi), étant entrée dans le port, ordre fut donné de préparer la *Belen* pour aller chercher le comte de Liniers, et l'on transborda l'émissaire et le capitaine Igarzabal sur la zumaca l'*Aranzazù*, commandée par le lieutenant de frégate Don Joaquin Toledo, où, après avoir été retenu un jour et demi par le mauvais temps, l'émissaire français écrivit au seigneur vice-roi de lui procurer une felouque pour pouvoir passer à la Colonie. Cela eut lieu aussitôt après la réponse du vice-roi. Le départ eut lieu le 16 août à trois heures de l'après-midi. L'émissaire français resta dans la forteresse toute la journée du 13 août jusqu'au 14, où il s'embarqua, selon qu'il l'a dit lui-même. Quand arriva la chaloupe anglaise parlementaire, l'émissaire se cacha dans la cabine de la *Belen* et il demanda au capitaine Igarzabal et au pilote D. Luis Leal de ne pas dire qui il était aux Anglais qui vinrent à bord. Le 17, à sept heures du matin, le capitaine et Sassenay débarquèrent à la Colonie, d'où ils partirent le même jour à dix heures du matin pour Montevideo, où ils arrivèrent le 19 à une heure de l'après-midi. En amenant l'émissaire au seigneur gouverneur, celui-ci le reçut d'une manière qui surprit le capitaine. Le gouverneur dit à l'émissaire qu'il était prisonnier de guerre, ainsi que ses compagnons, et ordonna à l'adjudant de place Don Martin de Larraga de le conduire là où étaient les officiers du *Consolateur*. Le gouverneur déclara en même temps à l'émissaire que tous les Français qui se trouvaient en Espagne avaient été massacrés, et que tous ceux qui servaient un pareil tyran méritaient le même sort. L'émissaire fut consterné de cette réception. Il remit au capitaine une lettre ouverte de l'Excellentissime seigneur vice-roi adressée à D. Manuel Ortega, pour la faire parvenir au destinataire. Le capitaine la remit au seigneur gouverneur, qui l'envoya à D. Manuel Ortega.

Interrogé sur le point de savoir s'il connaissait le contenu de la lettre, il répond que l'émissaire lui ayant dit en chemin qu'il avait des ordres du vice-roi pour qu'on lui fournît un navire pour retourner en Europe et voyant la lettre ouverte, il en prit connaissance, désireux d'en connaître l'objet. Ladite lettre se bornait à demander à D. Manuel Ortega de fournir à M. de Sassenay ce dont il aurait besoin pour racheter les effets perdus dans le brick qui l'avait amené et pour effectuer son retour en Europe.

Interrogé sur le point de savoir si, au moment où il avait remis l'émissaire français entre les mains du gouverneur le 19 août, il savait l'arrivée du brigadier D. José de Goyenèche, commissionné par la Junte suprême de Séville, il répond qu'il l'a vu dans la salle où il a été reçu par le gouverneur.

Interrogé sur le nom du navire dans lequel il a fait la traversée de la Colonie à Buenos-Ayres avec ledit émissaire, il répond que la traversée s'est faite sur la zumaca *Belen,* commandée par D. Luis Liniers qui avait été envoyé à cet effet à la Colonie;

qu'après le débarquement D. Luis Liniers les devança pour aller voir le vice-roi, son père, et qu'après avoir causé avec lui, il revint leur dire d'attendre dans la salle de réception.

En foi de quoi, etc.

Signatures : DIEGO PONCE DE LÉON.

Xavier DE IGARZABAL.

Manuel José SAENZ DE CAVIA,

Scribe de Sa Majesté.

IV

Interrogatoire de M. de Sassenay.

A Montevideo, le 3 octobre 1808. A l'effet de remplir ce qui lui a été ordonné, le señor D. Diego Ponce de Léon, sergent-major de cette forteresse, s'est rendu à cette citadelle royale où M. de Sassenay est enfermé, accompagné de l'interprète D. Pedro Sagrera et de son scribe. Avant de recevoir la déclaration de M. de Sassenay, il lui a fait prêter serment de dire la vérité.

Interrogé sur son nom, son âge, sa patrie, son état, la religion qu'il professe, M. de Sassenay répond par l'intermédiaire de l'interprète qu'il s'appelle Bernard Sassenay, qu'il est né à Dijon, en

Bourgogne, qu'il y est marié, qu'il est attaché au secrétariat du ministre Maret, qu'il est âgé de quarante-huit ans et qu'il appartient à la religion catholique.

Interrogé sur les points suivants : comment et avec quelle commission il est venu dans ce port, d'où il est parti, quel jour il a quitté la France et dans quel navire, il répond qu'il est venu apporter des dépêches du ministre des relations extérieures de France, qu'il est parti de Bayonne dans ce but, en destination de ce port ou du Rio de la Plata pour remettre ces dépêches à Buenos-Ayres, au vice-roi M. de Liniers; qu'il a mis à la voile dans les derniers jours de mai de la présente année, le 30 ou le 31, sur le brick français *le Consolateur*, commandé par Dauriac, lieutenant de vaisseau de la marine française.

Interrogé sur les points suivants : quel jour il est arrivé dans ce port, où il a pris terre sur la côte du Rio de la Plata, sur quel point il a débarqué et pour quel motif; ce qu'il a fait depuis son débarquement, en racontant tout ce qui lui est arrivé depuis ce moment jusqu'à présent, il répond comme suit : il a débarqué le 9 août à Maldonado et il s'est rendu par terre à Montevideo, apportant avec lui les dépêches. Il est arrivé ici le 10, en est reparti le lendemain avec ses dépêches pour Buenos-Ayres en compagnie du capitaine Igarzabal. Ils arrivèrent à la colonie où ils s'embarquèrent sur la *Belen,* commandée par le fils de M. de Liniers, qui était venue de Buenos-Ayres à leur rencontre. Le 13 au matin, ils arrivèrent à la capitale, où il débarqua avec le capitaine Igarzabal et le fils de M. de Liniers. Ils se rendirent tous les trois au fuerte. Il resta avec le capitaine Igarzabal, le fils de M. de Liniers ayant disparu sans qu'il sût ce qu'il était devenu. Au bout de deux heures d'attente passées avec Igarzabal dans une grande salle, on les fit entrer dans une autre pièce où se trouvait M. de Liniers avec sept ou huit autres personnes. On lui demanda les dépêches qu'il avait apportées. Il les remit. Aussitôt après, on le fit sortir et il resta dans la même grande salle où il avait déjà attendu. Après un moment, on le rappela devant ledit tribunal ou devant les mêmes personnes. On le prévint qu'on ne voulait pas que la commission dont il était chargé fût connue en public, parce qu'on ne voulait pas d'autre souverain que Ferdinand VII. M. de Liniers et les autres personnages lui donnèrent l'ordre de s'en retourner à Montevideo pour passer de là en Europe. On lui dit qu'on lui enverrait dans ce port la réponse aux dépêches qu'il avait apportées. Il dîna ce jour-là avec le vice-roi, sa famille et quelques personnages étrangers. Il devait s'embarquer le soir même sur la *Belen,* ce qui ne put avoir lieu à cause du mauvais temps. Il passa cette nuit dans le fort, ayant parlé seul avec M. de Liniers pendant quelques instants durant lesquels ils causèrent de la reconquista de Buenos-Ayres. M. de Liniers lui promit une lettre de recommandation pour son fondé de pouvoir à Montevideo. Le jour suivant, il s'embarqua dans la matinée sur la *Belen* pour passer à la colonie; mais ayant eu mauvais temps pendant deux jours, il resta à bord jusqu'à ce que, fatigué de cette attente, il écrivit au vice-roi pour qu'on le fît partir dans une felouque. Celui-ci lui répondit qu'il donnait l'ordre de préparer une felouque, ce qui eut lieu sur-le-champ. Lorsqu'il était déjà transbordé sur la zumaca l'*Aranzazù*, le fils de M. de Liniers arriva avec la lettre de recommandation qu'il lui avait offerte et avec l'ordre de passer sur la felouque, ce qui eut lieu. Il fit voile pour la colonie, où il arriva le 17 août avec le capitaine Igarzabal. Le même jour, ils partirent par terre et arrivèrent le 19 à Montevideo. Lorsqu'il se présenta chez le gouverneur, celui-ci lui déclara qu'il était prisonnier de guerre et l'envoya comme tel avec un adjudant de place à une boulangerie située en dehors de la ville d'où il fut transféré à la citadelle.

Interrogé sur ce que contenait la lettre de recommandation et si elle ne traitait pas d'autre chose que de lui fournir les moyens de retourner en Europe, il répond que la lettre se réduisait à ce que don Manuel Ortega devait lui fournir tout l'argent dont il aurait besoin pour achats d'effets, vivres, etc., et qu'elle ne traitait pas d'autre chose que de le mettre à même de retourner en Europe dans un navire étranger ou autre.

Interrogé sur les dépêches apportées par lui et sur les instructions qu'il avait reçues de vive voix de Napoléon ou de son ministre, il répond qu'il ignorait le contenu des dépêches, qu'il connaissait seulement les traités conclus entre les rois d'Espagne et Bonaparte et savait que celui-ci pensait à mettre son frère Joseph sur le trône d'Espagne, comme il l'avait dit au seigneur gouverneur de Montevideo le jour de son arrivée dans cette ville. Les instructions du ministre lui prescrivaient de rechercher les sentiments des habitants de ce pays au sujet des événements d'Europe et de raconter ce qu'il avait vu à Bayonne.

Interrogé sur le point de savoir si Son Excellence avait répondu aux dépêches, il répond qu'il a été seulement prévenu qu'on lui enverrait à Montevideo la réponse aux dépêches, et qu'on recommanderait à son ministre la conduite officieuse et modérée qu'il avait tenue.

On a soumis à M. de Sassenay la traduction des instructions qui se trouvent au commencement du présent dossier, et on lui a demandé si elle était exacte et conforme à l'original. Il a répondu que, comprenant parfaitement la langue espagnole, il lui paraissait que cette traduction était tout au moins conforme au fond.

Ont signé : D. Diego Ponce de Léon.
Bernard Sassenay.
Manuel José Saenz de Cavia,
Scribe de Sa Majesté.

APPENDICE D

DOCUMENT TIRÉ DES ARCHIVES DU FOREIGN OFFICE.

Lettre du secrétaire d'État au Foreign Office à l'ambassadeur d'Angleterre auprès de la Régence de Cadix.

Foreign Office, 28 may 1810

.M. Wellesley.

Sir,

I am directed by the marquess Wellesley to request that you would apply to the spanish government for the release of a french gentleman of the name of de Sassenay, who is represented as having lately arrived from Buenos-Ayres in the *Mercury*, sloop, and to be now a prisoner at Cadiz.

Should the spanish government consent to his release, lord Wellesley desires that you would recommend that he should be embarked on board one of His Majesty's ship at Cadiz and conveyed to England.

I have the honour to be, etc., etc.

Signé : William Hamilton.

APPENDICE E

Extrait de l'article sur M. de Liniers, par Peltier, rédacteur de l'Ambigu, dans le Times *du* **24 août 1810.**

...Preparations had been made at Buenos-Ayres for the august ceremonies of taking the oath of fidelity, but while the entertainements and public rejoicings were preparing, an emissary of Napoleon arrived with despatches in the name of Charles IV... The bearer of these despatches was the baron de Sassenay, formerly deputy from Burgundy to the states general, but who afterwards emigrated and served under Prince de Condé in the first campaign

16

of the revolution, and having subsequently become an inhabitant of the United States of America, had in the character of a merchant, made two voyages to the river Plate. The natural sentiment of love of his country had carried him back to France and made him abandon the happy asylum where he dwelt in tranquillity. The tyrant snatched him from the bosom of his family, causing him to be taken by the gendarmerie from his estate at the foot of the Pyrénées and forced him to take charge of these despatches and to set sail within twenty four hours, without taking leave of his wife and children, and even without giving him time to provide himself with any other article of clothing for the voyage than what could be hastily procured at Bayonne.

Don Santiago de Liniers was not apprised of the name of this envoy extraordinary until within a few hours of his entering at Buenos-Ayres. He however had time to think upon the delicacy of receiving an emissary of that kind and resolved to receive him only in the presence of the magistrates and two members of the municipal body. Baron de Sassenay approached don Santiago with open arms as an old friend. He was much astonished at the return of these tokens of friendship, which consisted only in telling him in spanish that he regarded him only as an envoy of Napoleon, and

that he must declare the purpose of his mission in
the presence of the persons there assembled.
M. de Sassenay then opened his portmanteau and
laid all his packets upon the table before don Santiago, who caused them to be opened and read
aloud. While they were reading, the indignation of
the assembly manifested itself to a degree which it
is impossible to describe. Don Santiago informed
the envoy that he had, through a legitimate channel,
received orders to proclaim Ferdinand VII king
of Spain and the Indies, that he (don Santiago)
would receive no orders from the Emperor of the
French and that the ceremony of administering
the oath of fidelity which had been defered only
to give more splendour to the proclamation,
should take place without delay (1)...

(1) M. de Sassenay was transported to Cadiz and put on
board the hulks with the rest of the french prisoners. His
spouse came to London to solicit the liberation of her husband; and had her petition granted at the moment when she
learned thas he was on board one of the hulks which the
prisoners had carried to the other side of the bay of Cadiz
and that her husband was then already liberated.

TABLE DES MATIÈRES

CHAPITRE IV
LE MARQUIS DE SASSENAY
(1760-1808).

CHAPITRE V
LA MISSION.

CHAPITRE VI
LES SUITES DE LA MISSION ET LA CHUTE DE LINIERS
(1808-1809).

PIÈCES JUSTIFICATIVES

FIN DE LA TABLE DES MATIÈRES

PARIS

TYPOGRAPHIE DE E. PLON, NOURRIT ET Cie

Rue Garancière, 8.

9 782012 936355